11.11.01.

Liebe Susanna

Für Deinen Weg
der persönlichen (R)evolution
wünsche ich Dir
zu Deinem 40sten Geburtstag
viele Erkenntnisse, Einsichten
und Aussichten
auf Deinem weiteren Weg.
♡ verbunden mit grossem Dank
für die Verbundenheit mit Dir

Herzlich... [signature]

# TIERISCHE
# PORTRAITS

Vorwort von Dennis C. Turner

EDITION STEMMLE
Zürich  New York

In den «Tierischen Portraits», die Walter Schels in diesem einzigartigen Band präsentiert, hat er die Essenz und Quintessenz der menschlichen (!) Entwicklung eingefangen. Bewusst hat er sich in den Charakter, die Persönlichkeit jedes portraitierten Tiers vertieft; wohl eher unbewusst hat er einen wesentlichen Aspekt der Entwicklung des menschlichen Geistes illustriert. Erlauben Sie mir, das kurz zu erklären.

Das wissenschaftliche Interesse am «tierischen Bewusstsein», d.h. an dem, was im Inneren von anderen Lebewesen vor sich gehe, ob sie Gedanken und Gefühle wie wir hätten, wurde vor rund 25 Jahrmn geweckt durch Donald Griffens provokatives Buch *The Question of Animal Awareness*. Darauf folgte eine kritische Diskussion, die Marian Stamp Dawkins einige Zeit später, nämlich 1993, aufgriff. Sie ließ Behauptungen und Beweise Revue passieren und formulierte in ihrer Abhandlung *Through Our Eyes Only*; dt: *Die Entdeckung des tierischen Bewusstseins* die kritischen, unbeantworteten Fragen der Forschung. Ungefähr zur selben Zeit und vielleicht nicht ganz unabhängig davon wurden paranormale Fähigkeiten von Tieren postuliert, beispielsweise, dass Hunde «wissen», wenn ihre Besitzer sich in beträchtlicher Entfernung auf den Heimweg machen (vgl. Rupert Sheldrake: *Seven Experiments That Could Change the World*; dt: *Der siebte Sinn der Tiere*). Eindeutig im selben Zusammenhang ist die Publikation von Büchern wie J. S. Kennedys *The New Anthropomorphism* zu sehen, die das Wiederaufkommen des Anthropomorphismus – Tieren werden menschliche Geisteszustände zugeschrieben – kritisieren, insbesondere im Bereich der Verhaltensforschung bei Tieren.

Dagegen hat der Archäologe Steven Mithen in *The Prehistory of Mind* und andernorts überzeugend dargestellt, dass unsere Art, über Tiere zu denken und sie einzuschätzen, im Lauf unserer Entwicklung stark von unseren prähistorischen Beziehungen zu ihnen beeinflusst wurde: Zunächst waren sie Raubtiere, die unsere Vorfahren jagten; vor zwei Millionen Jahren aßen die ersten Vertreter unserer Gattung, der Gattung Homo, tierisches Aas; vor 500 000 Jahren begannen wir sie zu jagen. Doch erst in den letzten 100 000 bis 30 000 Jahren haben die Tiere in der menschlichen Gesellschaft all die verschiedenen Funktionen übernommen, die sie heute haben: als Nahrungslieferanten; Gefährten; Gegenstand von Geschichten, Mythen und Malereien; und als Metaphern. Mithen meint, vor 500 000 Jahren hätten unsere menschlichen Vorfahren wohl eine «Theorie des Geistes» entwickelt, indem sie das Verhalten anderer menschlicher Individuen dadurch deuteten, dass sie ihnen Vorstellungen und Wünsche zuschrieben, die möglicherweise anders waren als ihre eigenen. Doch erst die «modernen» Menschen, insbesondere jene, die vor 50 000 Jahren und später lebten, hätten diese Vielfalt von Beziehungen zu Tieren entwickelt. Mithen weist darauf hin, dass eine der für diese neuen Beziehungen entscheidenden geistigen Entwicklungsstufen das Anthropomorphisieren der Tiere war. Die «Theorie des Geistes» wurde also nicht erst vor 25 Jahren auf Tiere angewendet, wie zu Beginn impliziert: Indem man den Tieren menschenartigen Geist zuschrieb, wurden sie in unsere Welt – unsere Kultur und Gesellschaft – geholt. Sogar der Kritiker J. S. Kennedy räumt ein, anthropomorphisierendes Denken sei «wahrscheinlich durch die natürliche Selektion in unsere Erbanlagen einprogrammiert, weil es sich möglicherweise als nützlich erwiesen hat, um das Verhalten von Tieren vorauszusehen und zu kontrollieren».

Zu anthropomorphisieren ist demnach «natürlich». Deshalb habe ich zu Beginn meines Textes geschrieben, Walter Schels habe «wohl eher unbewusst» diesen wesentlichen Aspekt der Entwicklung unseres Geistes illustriert. Das allerdings bedeutet nicht, dass wir alle die Gedanken, Absichten, Gefühle, Charaktere und Persönlichkeiten von Tieren – insbesondere von so vielen und verschiedenen Tierarten – gleich gut «sehen» und «einfangen» können wie Schels. Das macht seine Arbeit wirklich bemerkenswert.

Seit rund 30 Jahren erforsche ich das Verhalten von Tieren, seit beinahe 20 dasjenige von Hauskatzen und Haushunden und seit ungefähr 15 Jahren das Verhältnis von Menschen und ihren tierischen Gefährten. Ich habe das Gefühl, diese Tiere langsam zu verstehen, insbesondere, dass außer den für eine bestimmte Spezies typischen Eigenarten jeder ihrer Vertreter seinen eigenen Charakter, seine eigene Persönlichkeit hat. Normalerweise müssen wir ein bestimmtes Tier einige Zeit beobachten und mit ihm in verschiedenen Situationen und Zusammenhängen interagieren,*um seine Persönlichkeit kennen zu lernen (und vice versa!) Die meisten Hunde- und Katzenbesitzer glauben, die «Stimmung» ihrer Lieblinge zu spüren und dass umgekehrt die Tiere die Stimmungsschwankungen ihrer Besitzer wahrnehmen und darauf reagieren. Durch die Kombination von ethologischen (auf Beobachtung beruhenden) und psychologischen Mitteln der Einschätzung haben wir dies erhärten können. Es geschieht einerseits durch das «Erlernen» der Kommunikationssignale des Interaktionspartners; andererseits haben wir auch starke Anzeichen dafür gefunden, dass wir die Stimmung, die Gefühle eines Tiers zuverlässig und regelmäßig aufgrund seines Gesichtsausdrucks einschätzen können. Doch unsere Bereitschaft, Tieren geistige Erfahrungen zuzuschreiben, ist nicht immer vorhanden und hängt oft von deren phylogenetischem Status ab. Rund 90% aller von Forschern Befragten glauben, Säugetiere – Delfine, Schimpansen, Hunde und Katzen – verfügten über ein mässiges bis hohes Bewusstsein. Je weiter nach unten man sich dem Evolutionsstammbaum entlang bewegt, desto weniger geistige Erfahrungen trauen Menschen der betreffenden Spezies zu.

Beim Betrachten der Portraits in diesem Band kann ich nicht umhin, meine Interpretation dessen, was in dem betreffenden Tier vorgeht, hineinzuprojizieren. Ich bin sicher, dass es den meisten Menschen, die sich die Zeit nehmen, Schels' tierische Portraits zu studieren und zu genießen, so ergehen wird. In den letzten Jahren habe ich mich zunehmend darauf spezialisiert, zu lehren, wie positiv sich die soziale Interaktion mit Tieren auf unsere Gesundheit, unser geistiges Wohlbefinden und unsere Lebensqualität auswirkt. Ich kann es kaum erwarten, den Psychotherapeutinnen und Psychiatern, Lehrern und Beraterinnen in meinen Kursen diese Portraits zu zuigen, und ich bin sicher, sie werden sie genauso faszinierend finden und vielleicht sogar nützlich für ihre Arbeit. Unsere gefühlsmäßige Verbundenheit mit unseren tierischen Gefährten, die soziale und emotionelle Unterstützung, die sie uns geben, gehören alle zu unserer Verbundenheit mit der Natur.

Unsere genetisch programmierte Affinität zur Natur, zu natürlichen Umgebungen, Pflanzen und Tieren, wilden wie domestizierten – mit anderen Worten: unsere Biophilie – hilft erklären, was beim Betrachten von Walter Schels' Werk in uns abläuft. Sie muss bei ihm besonders stark sein, weshalb er fähig ist, die Persönlichkeiten seiner tierischen Sujets nicht nur wahrzunehmen, sondern auch fotografisch festzuhalten. Genießen Sie nun Walter Schels' Talent und entdecken Sie mehr über diese Tiere. Wer weiß, vielleicht erfahren Sie dabei auch mehr über sich!

*PD Dr. sc. Dennis C. Turner,*
*Direktor, I. E. T., Institut für angewandte Ethologie und Tierpsychologie,*
*Hirzel, Schweiz*

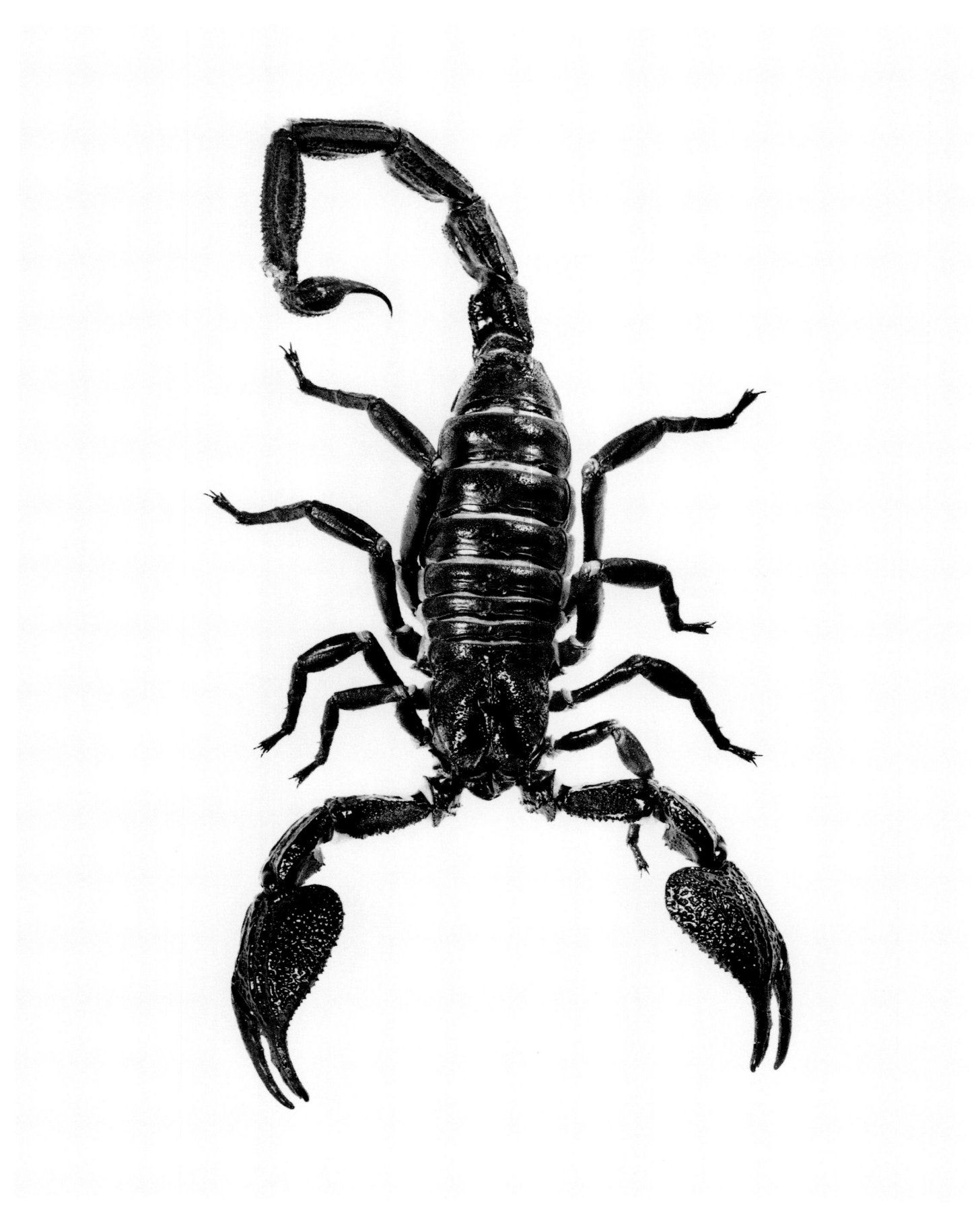

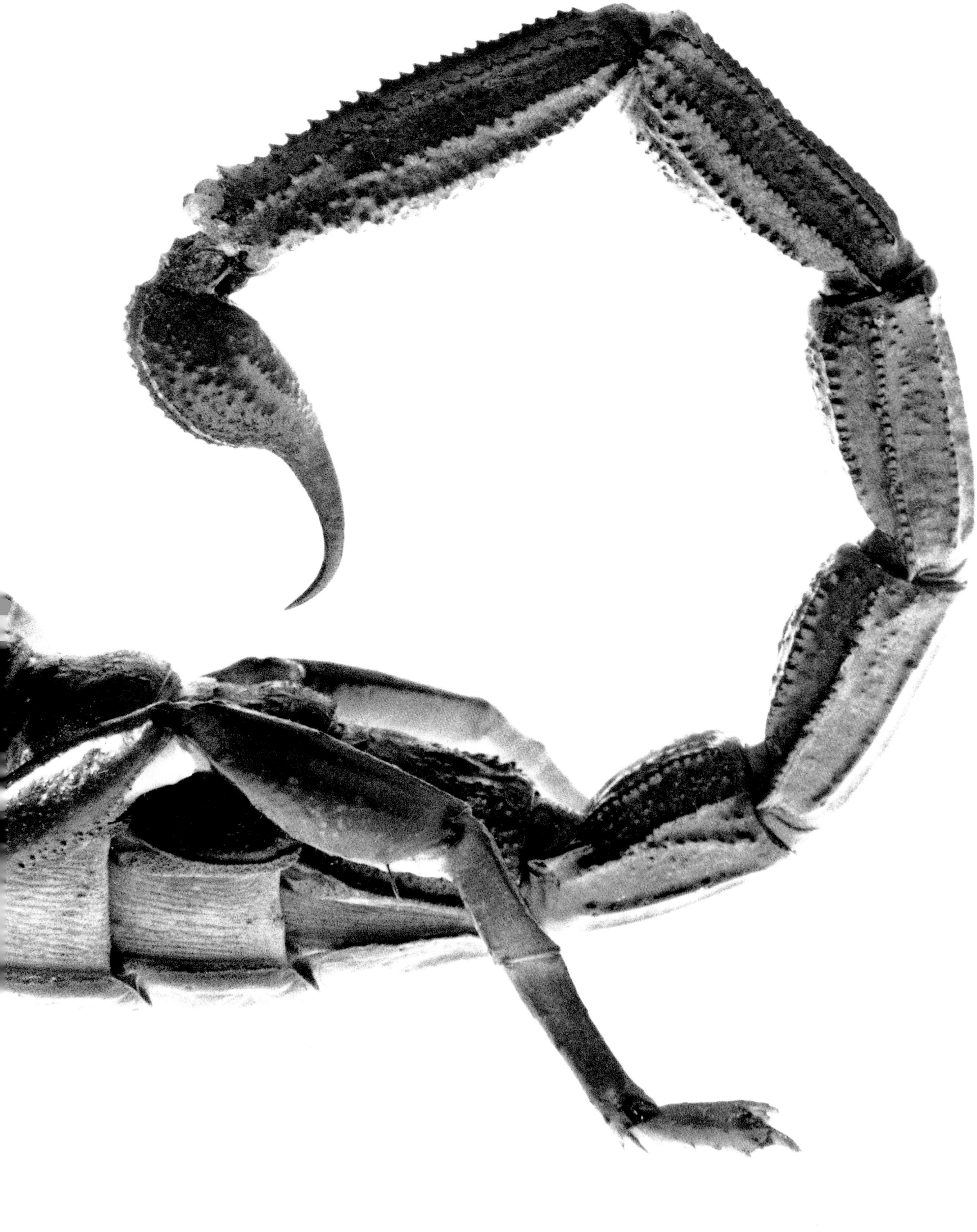

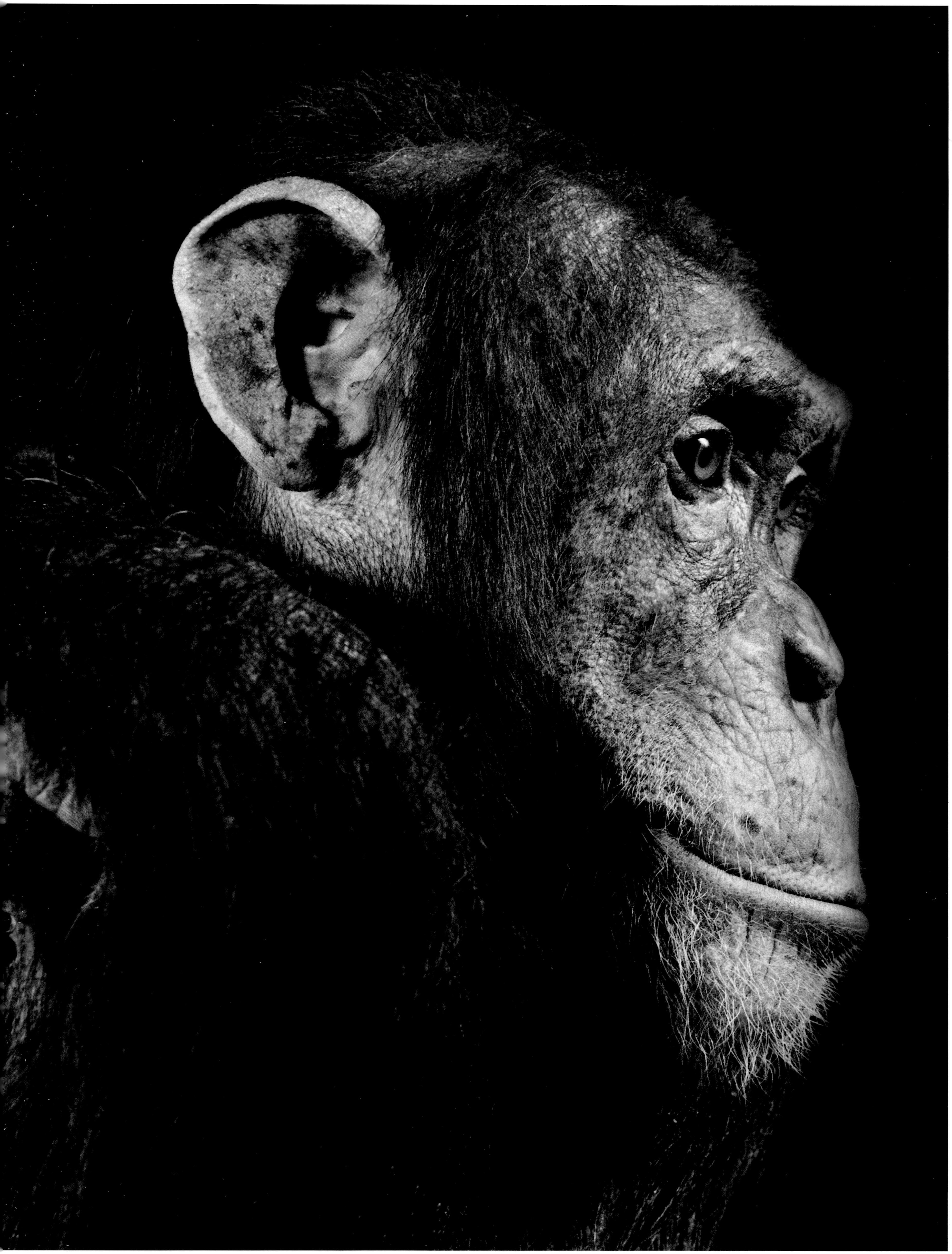

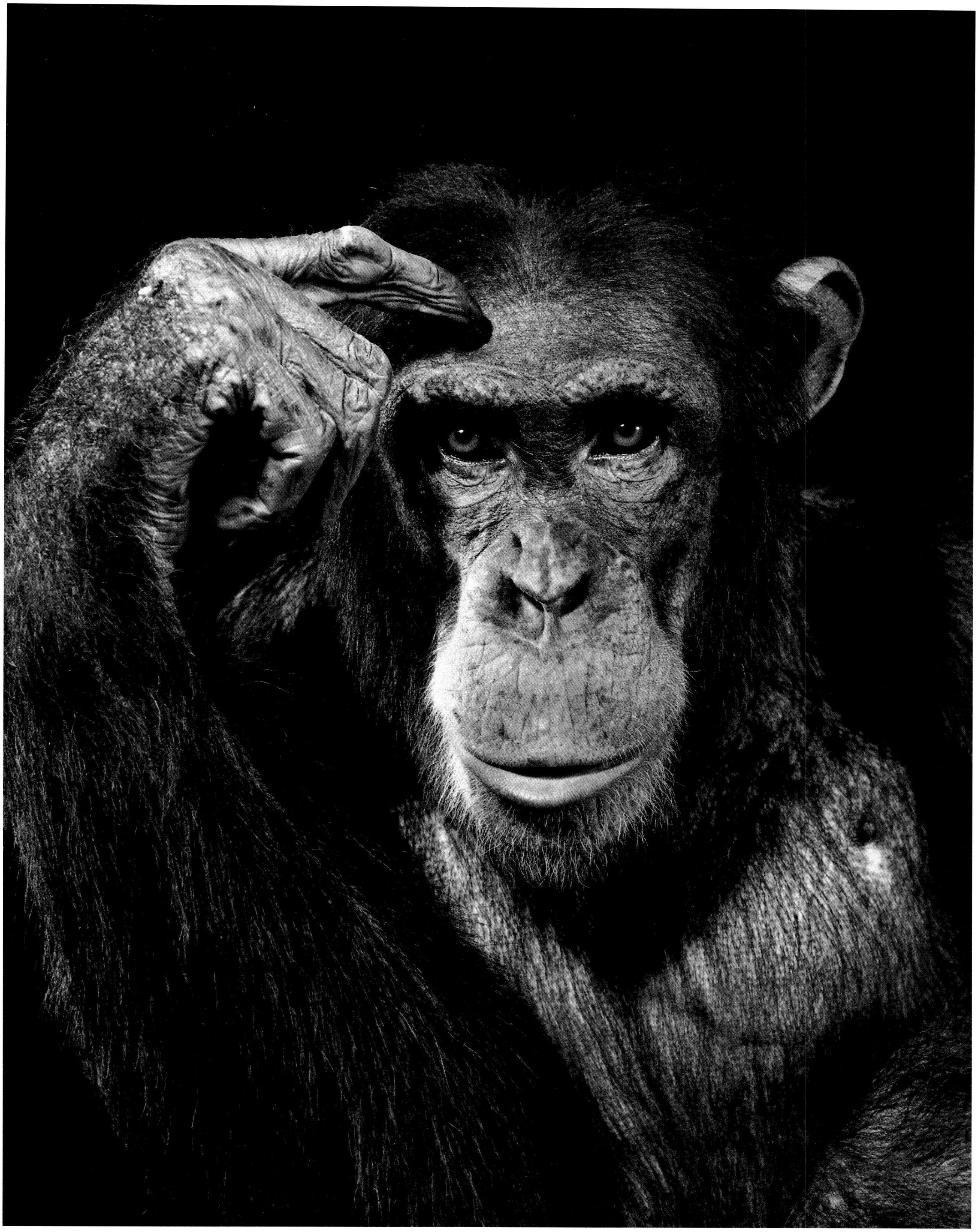

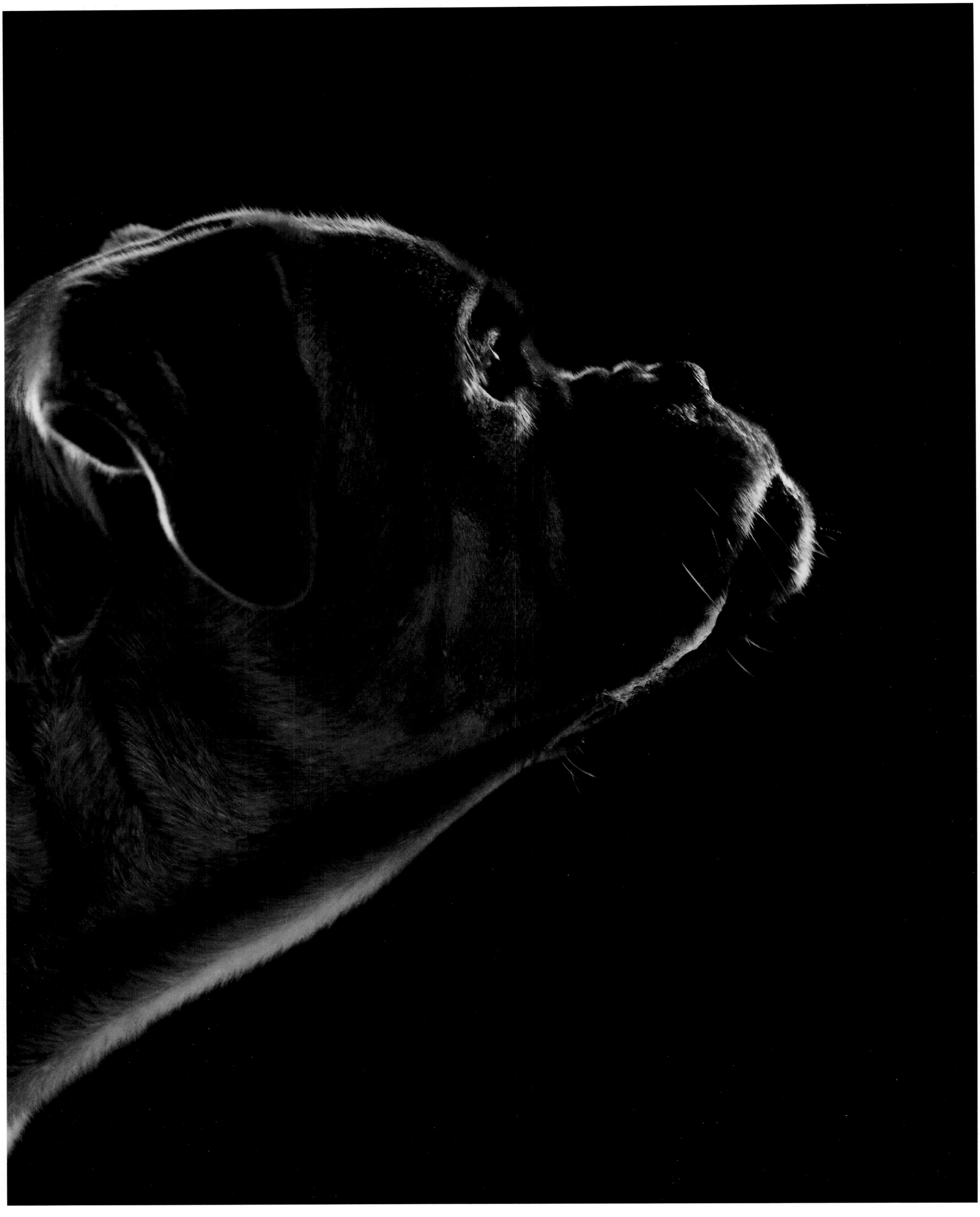

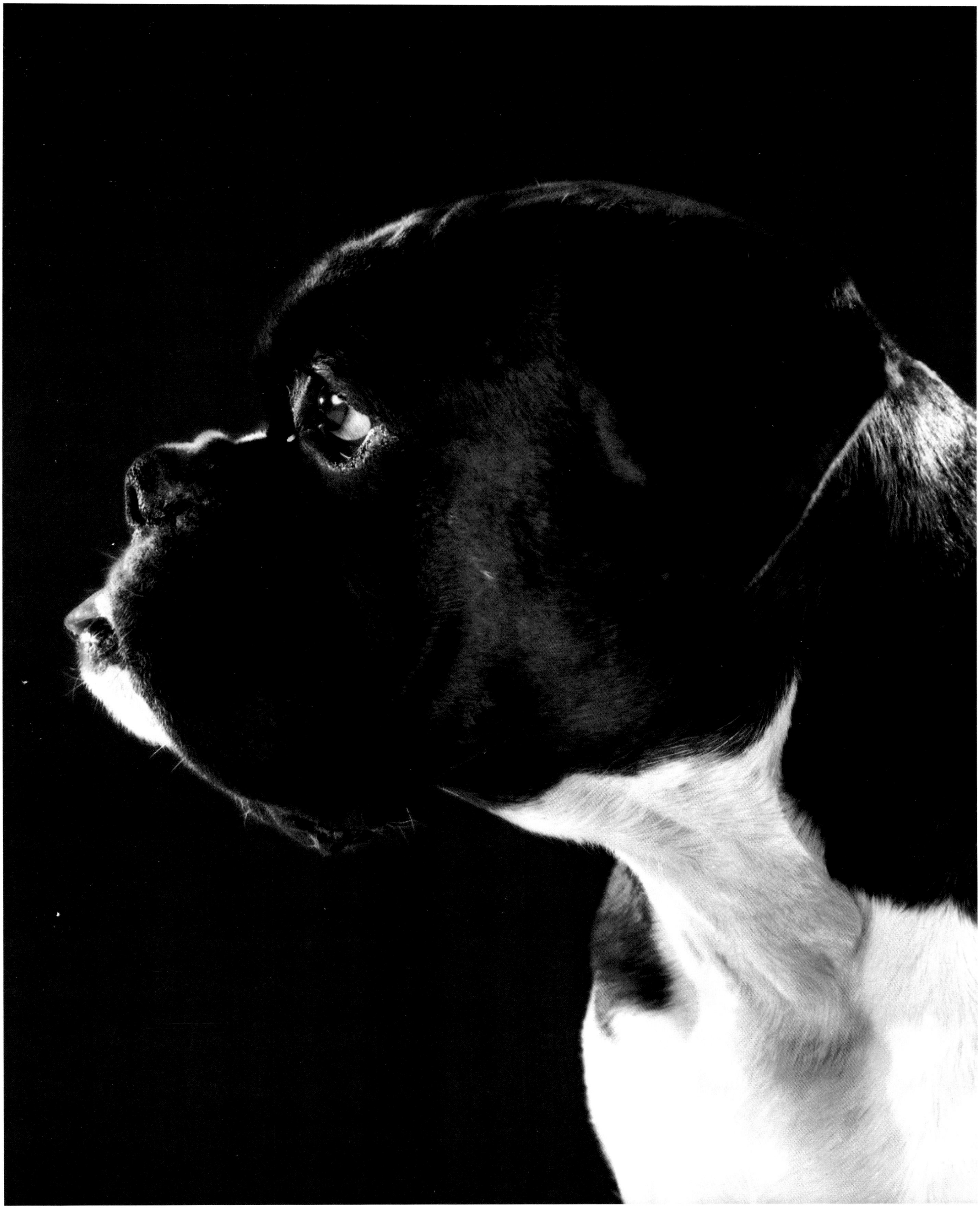

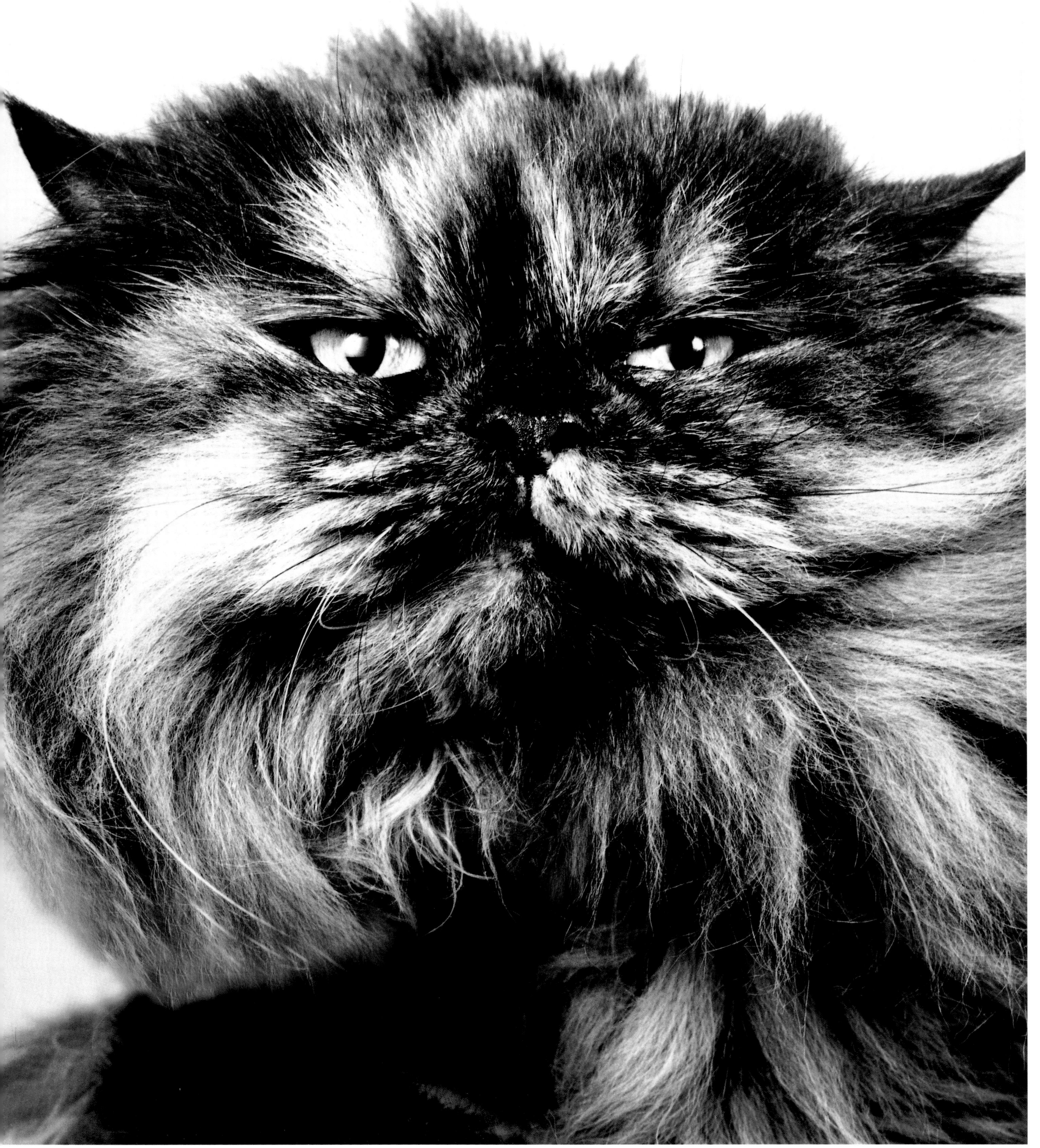

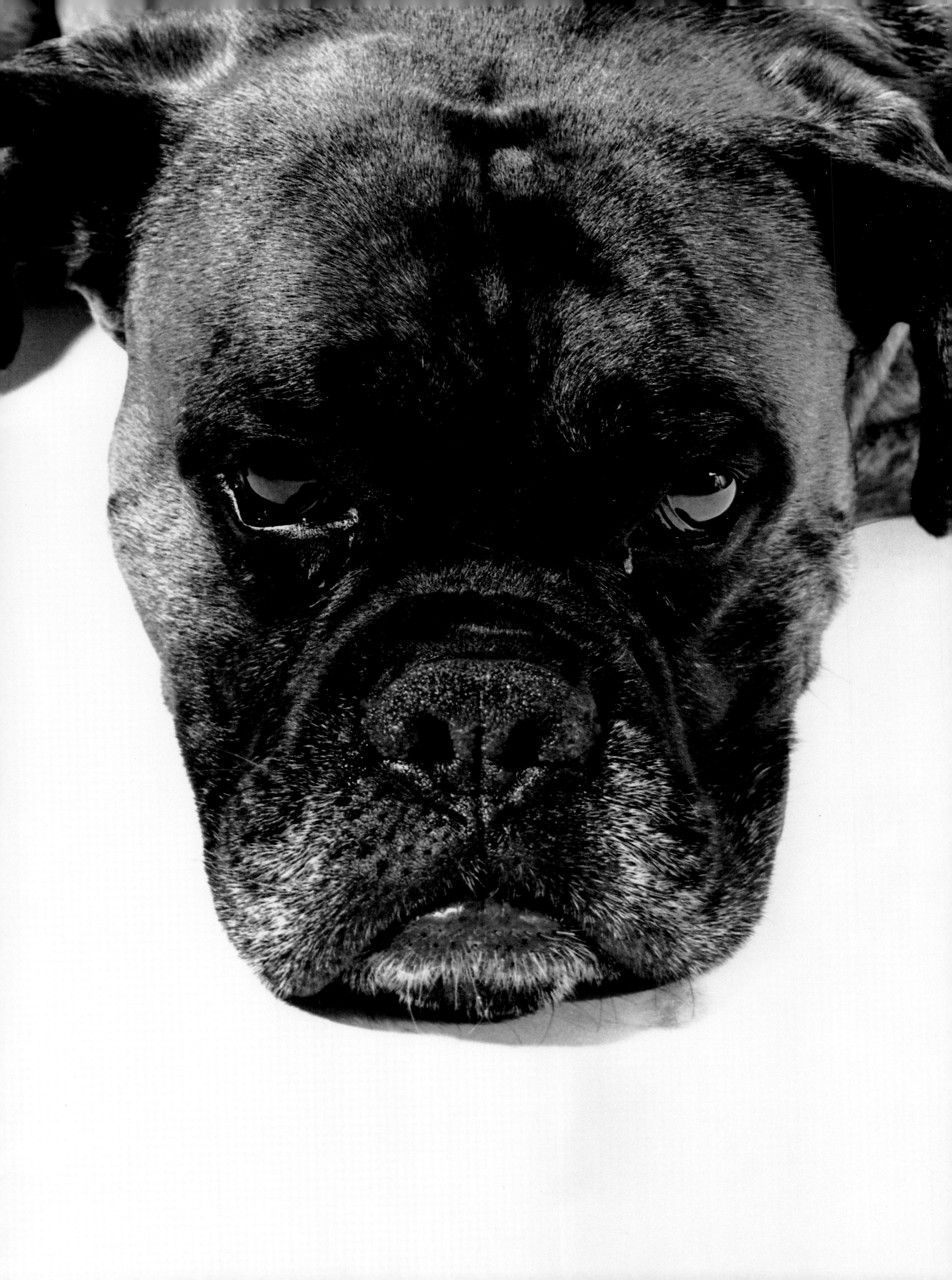

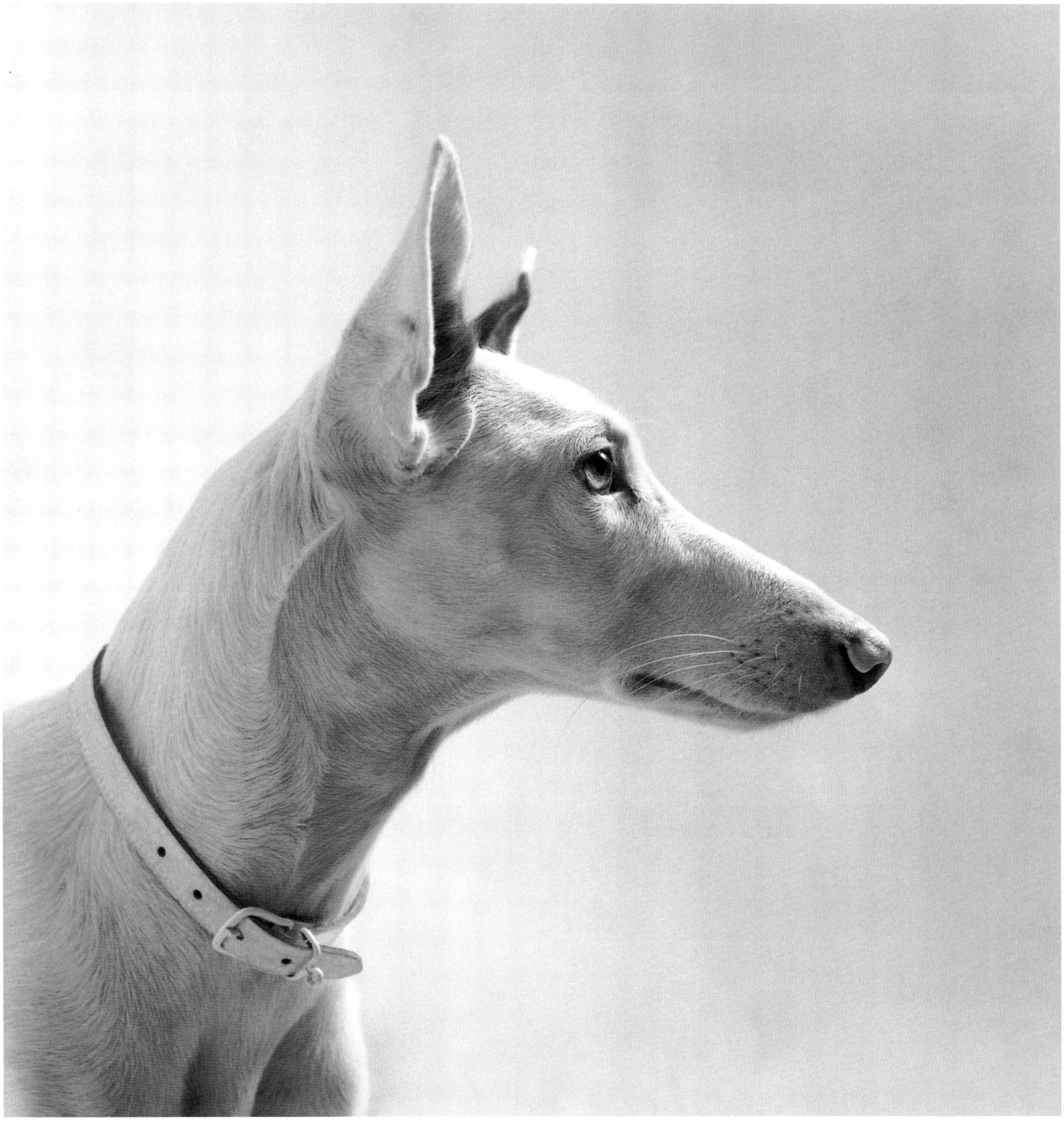

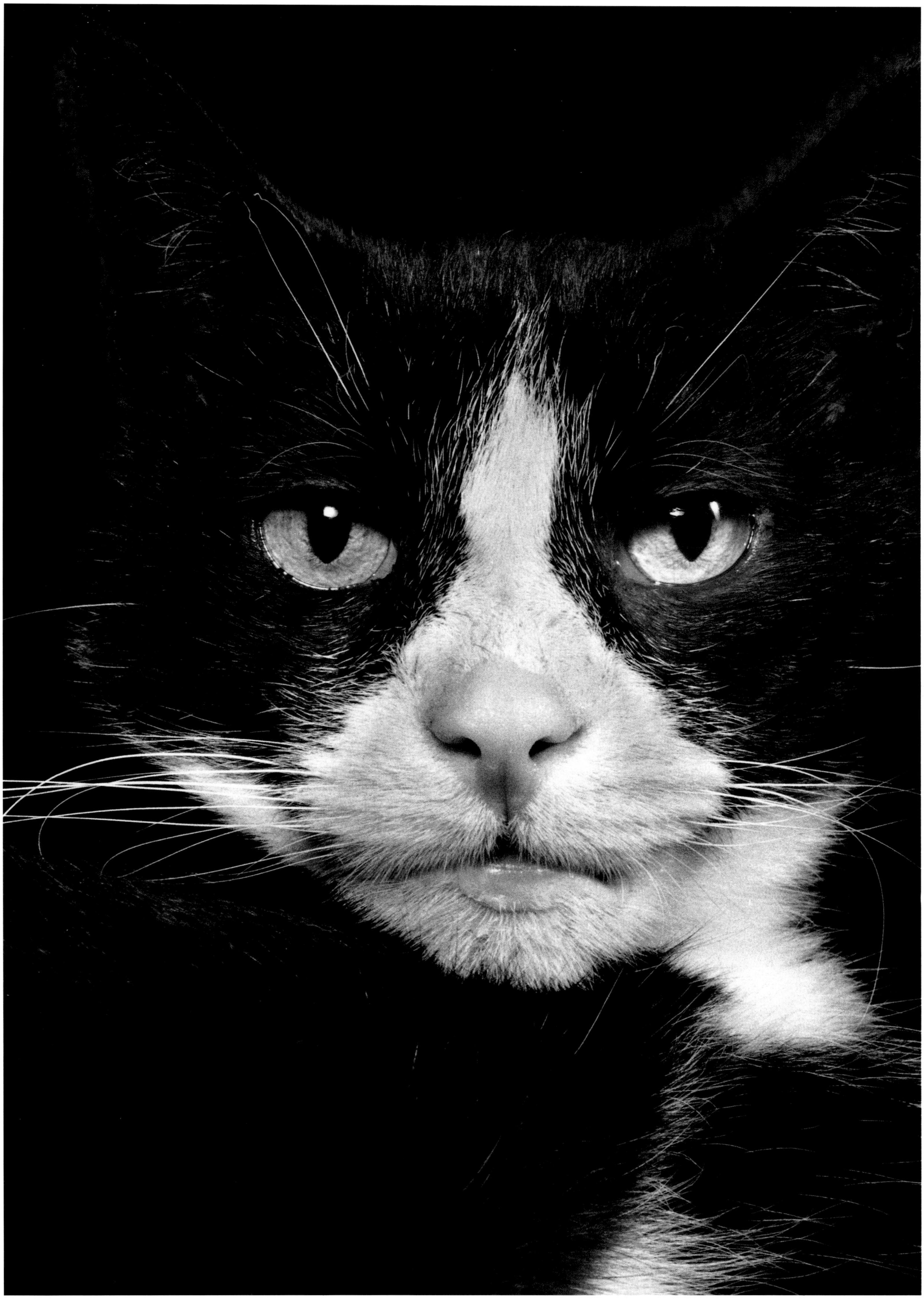

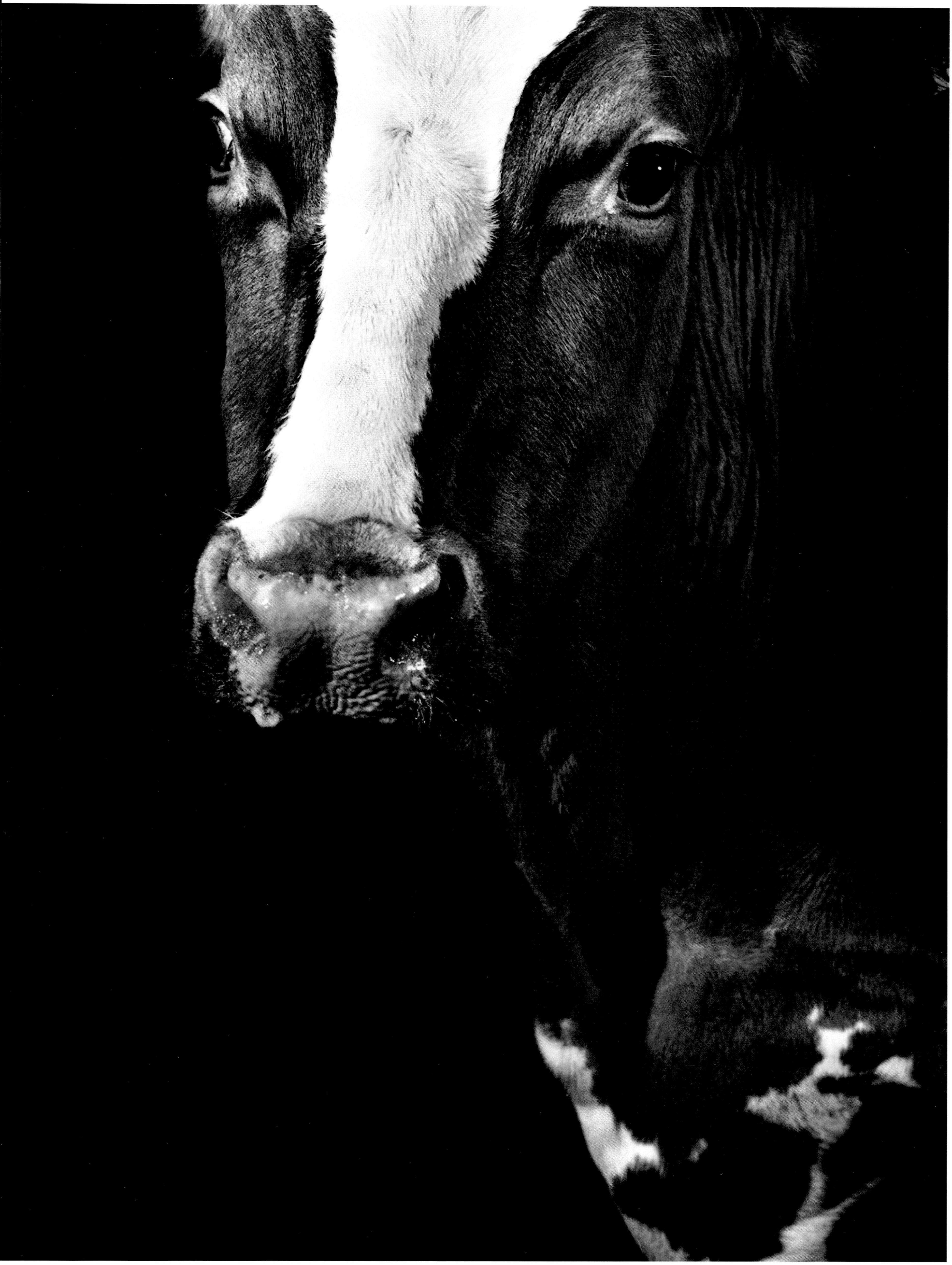

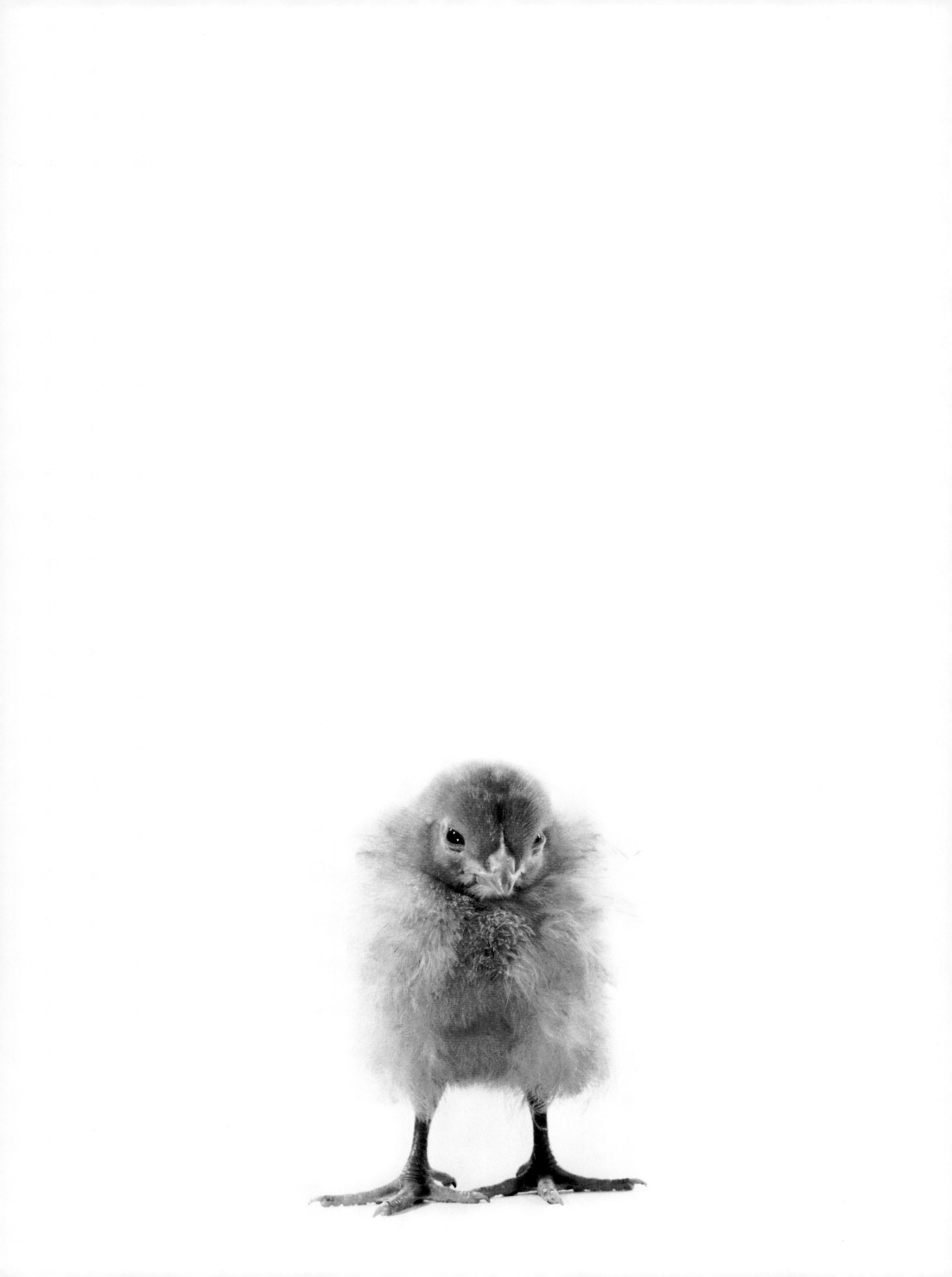

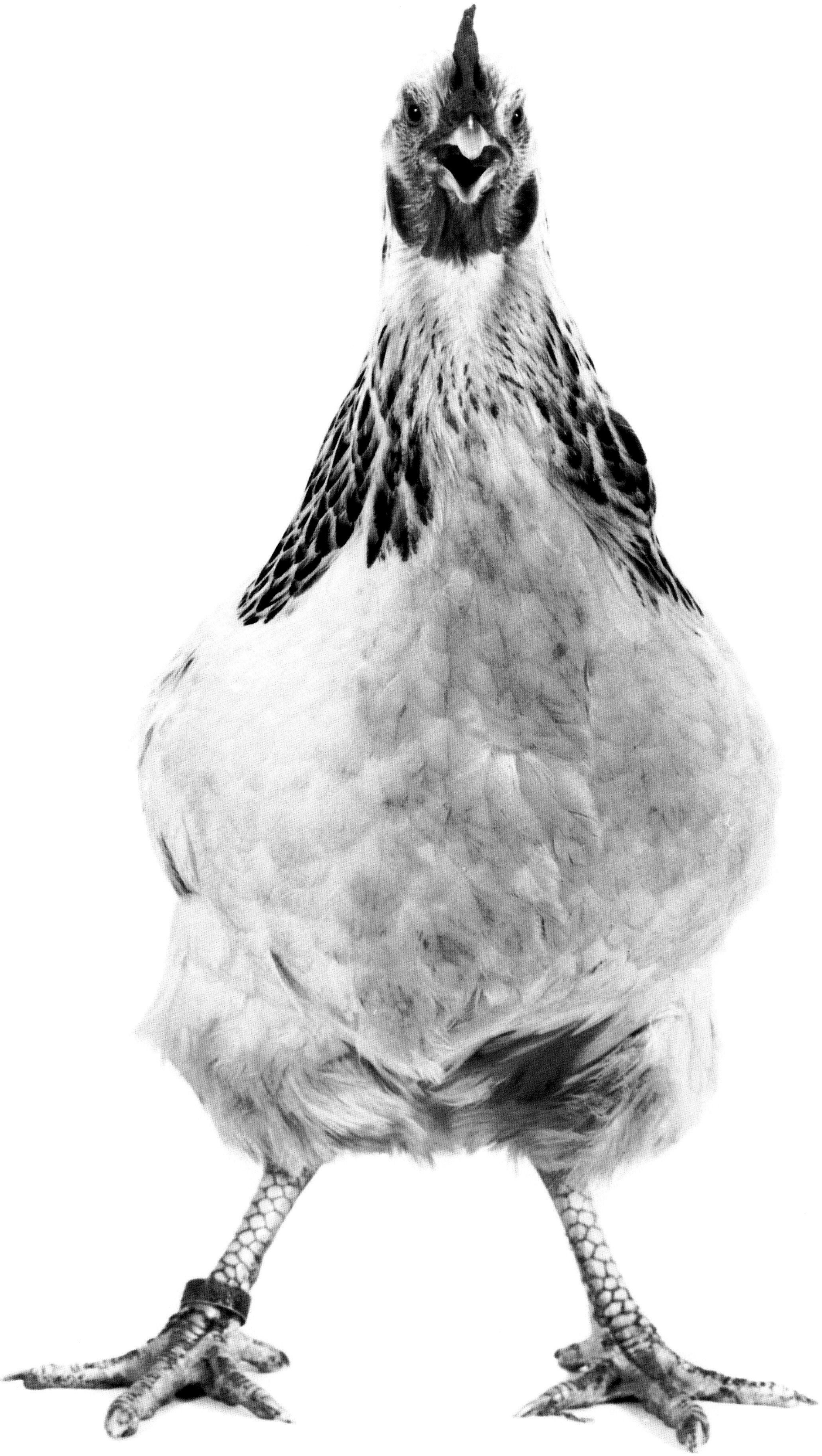

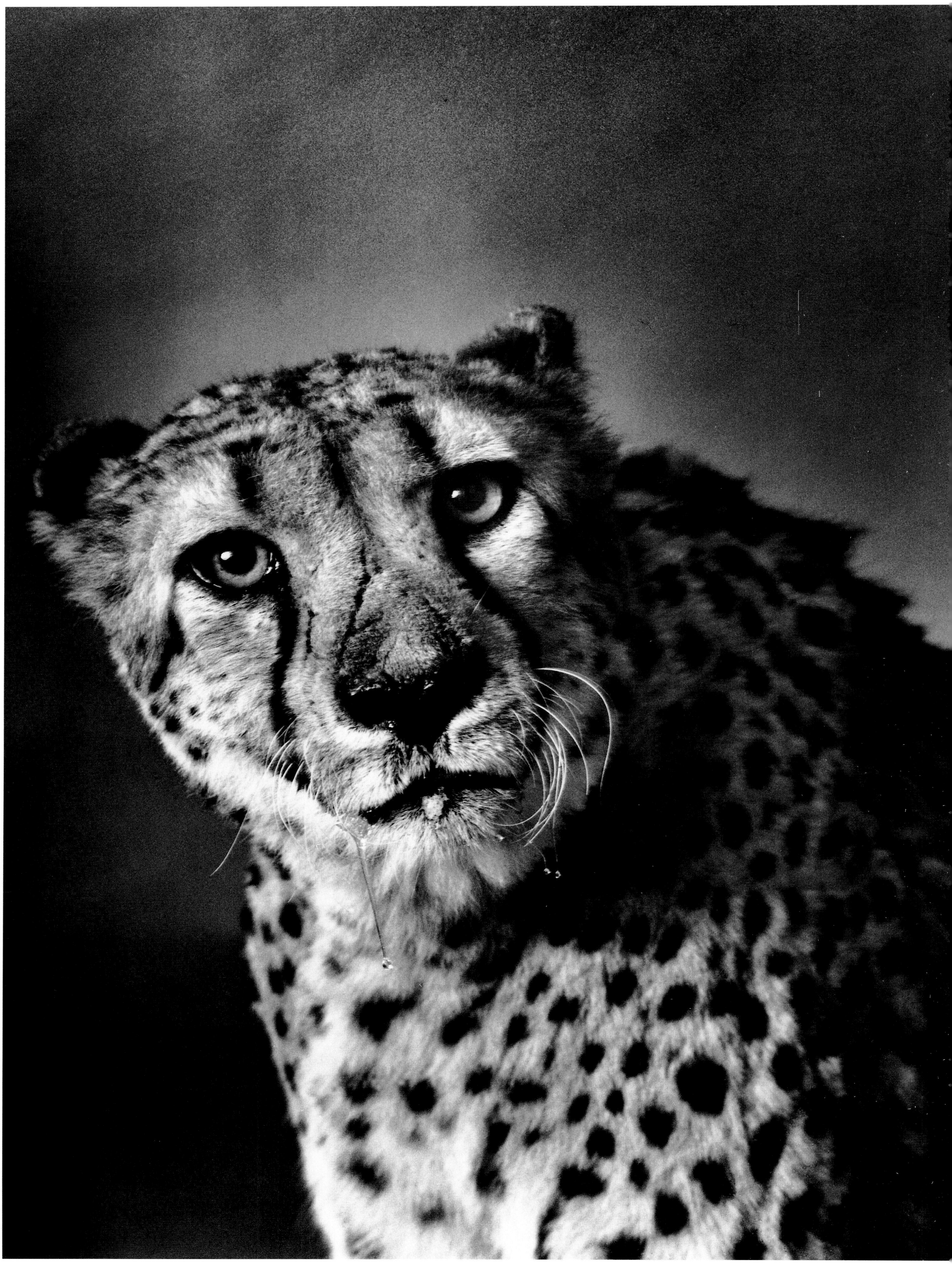

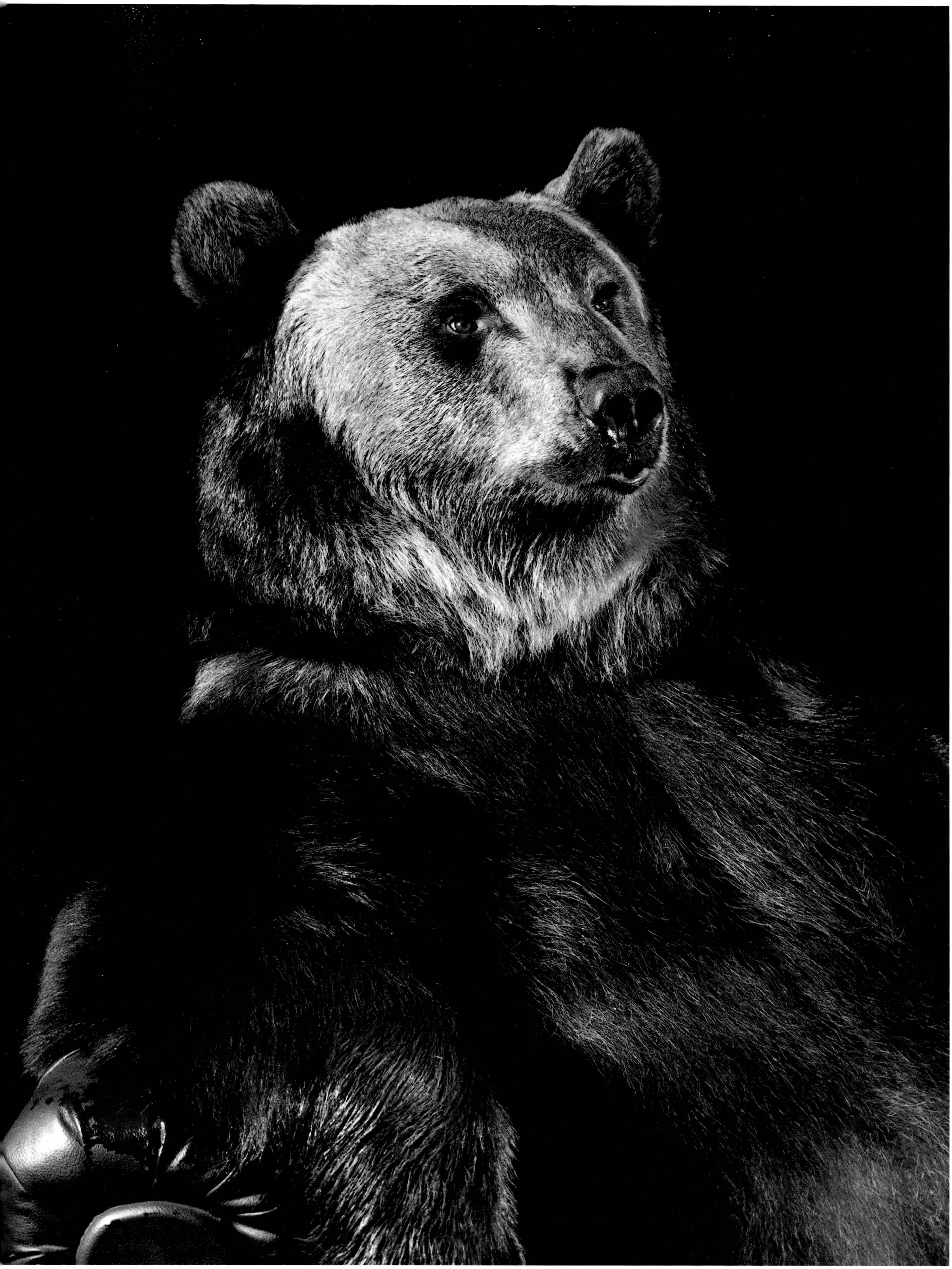

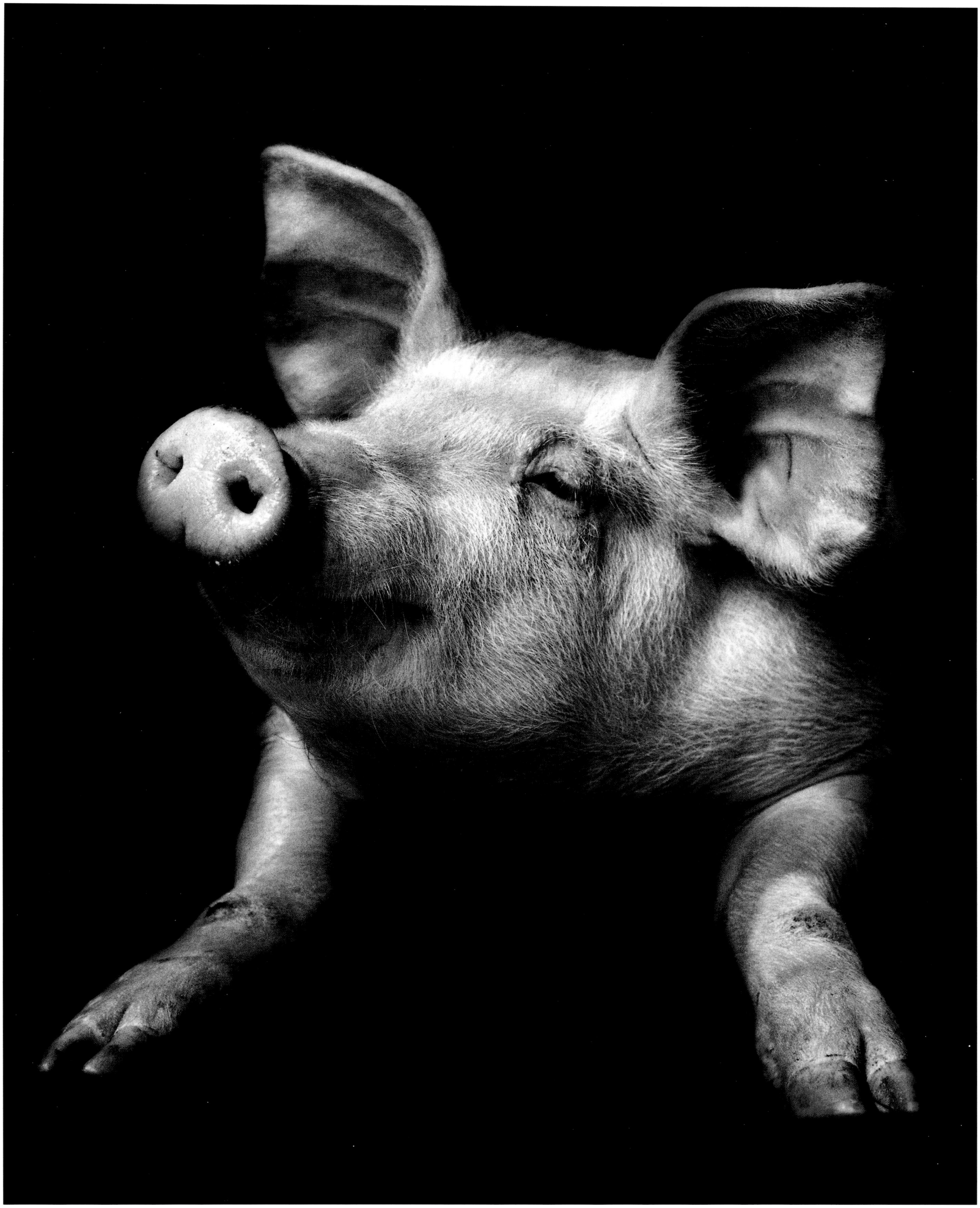

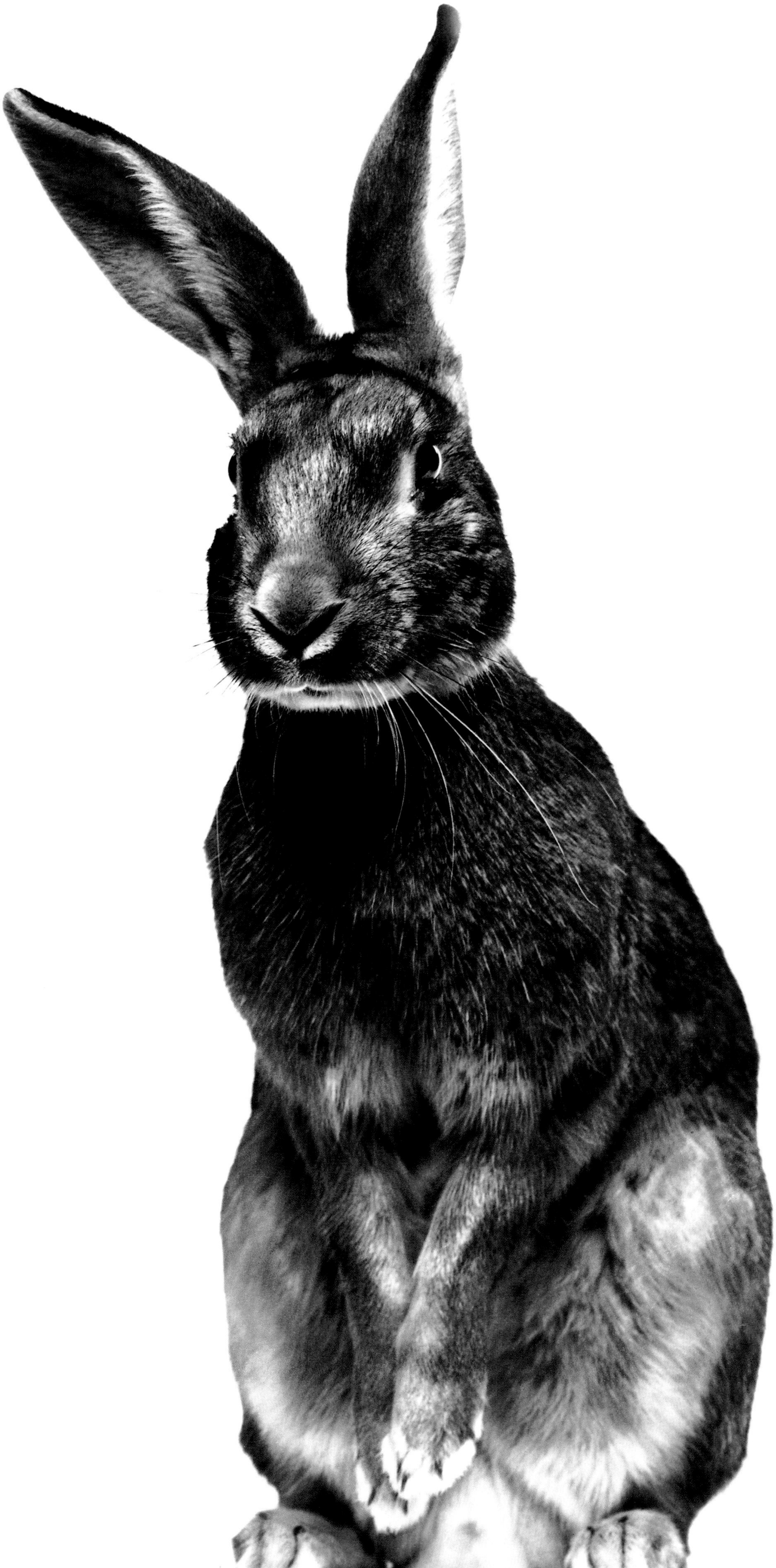

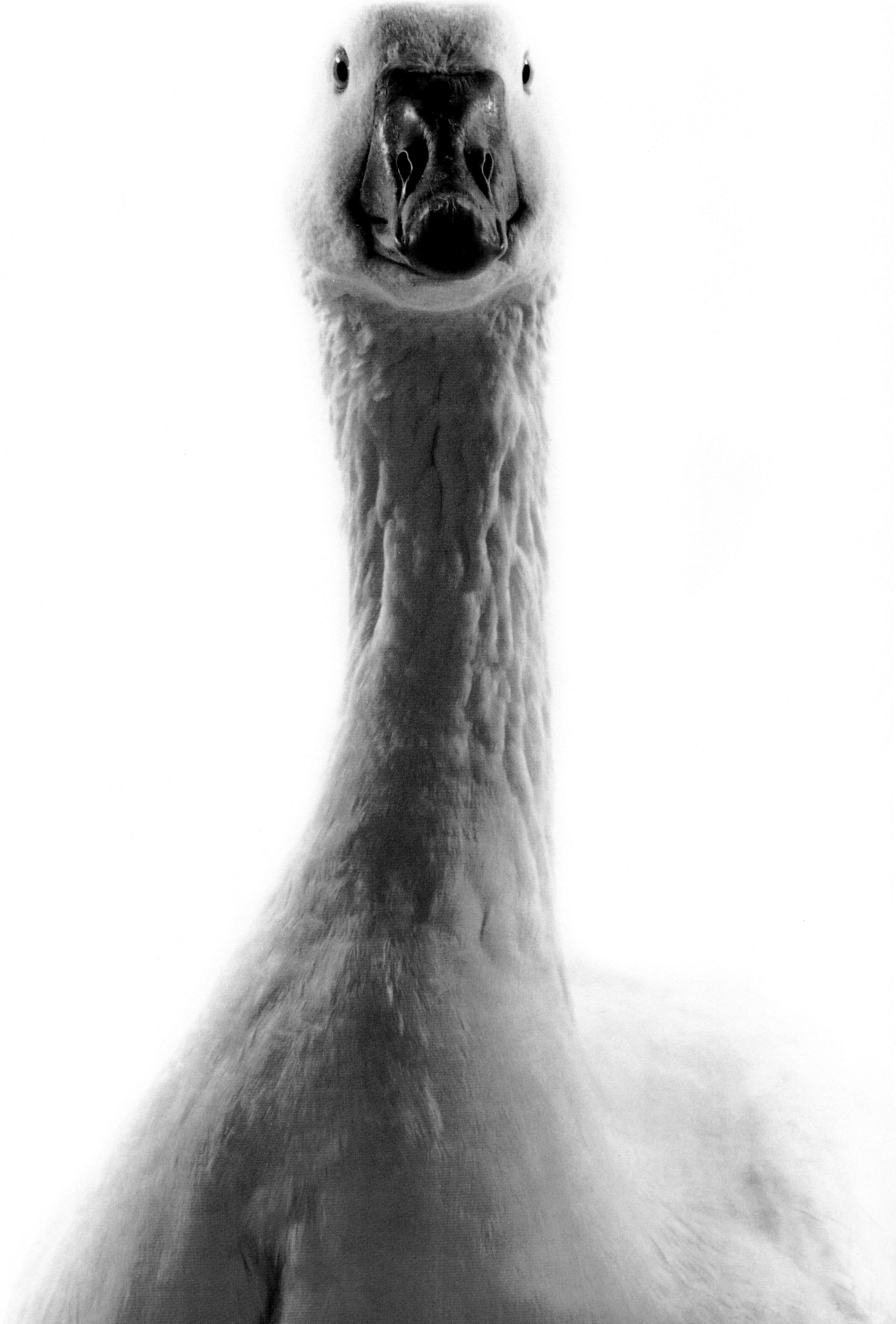

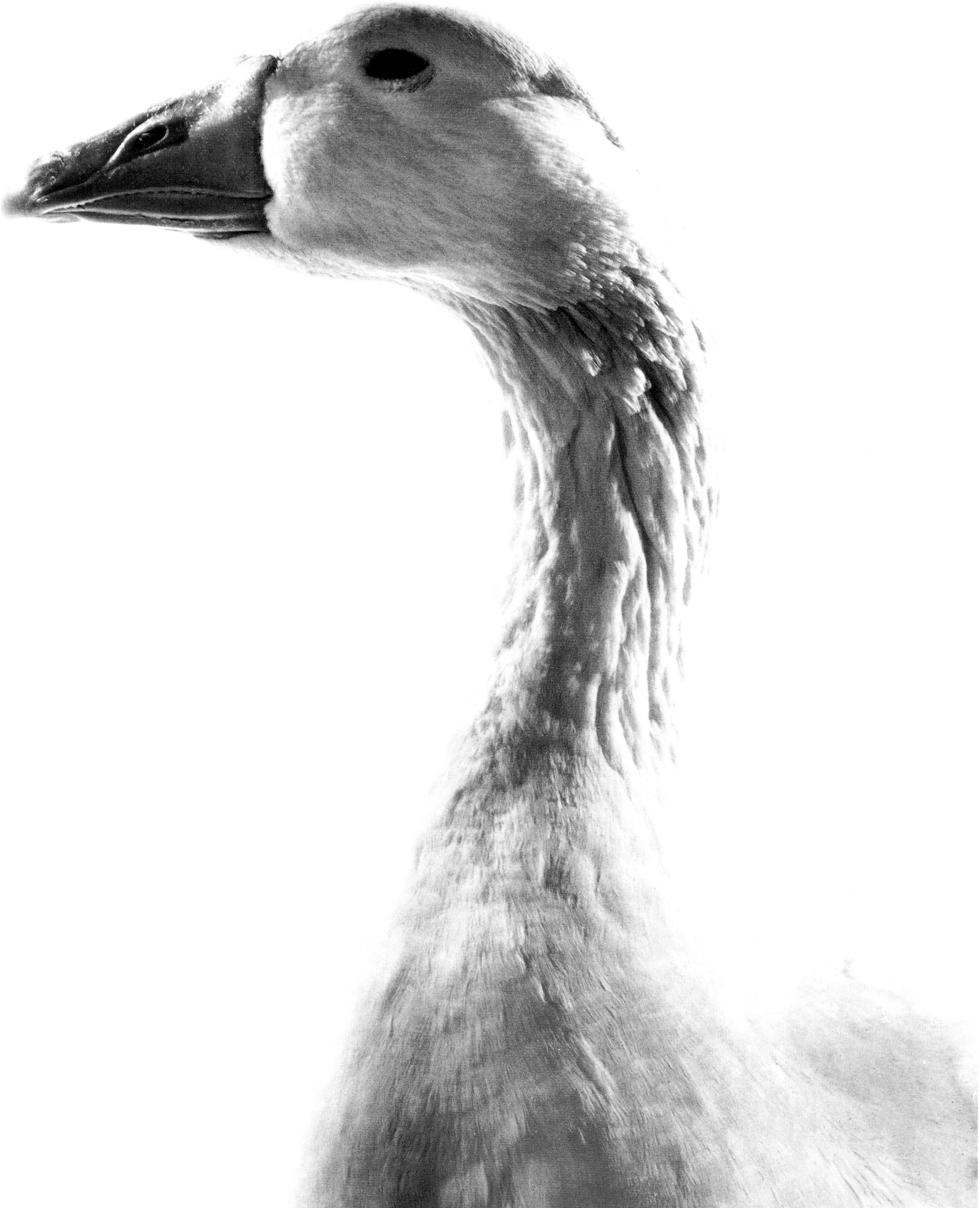

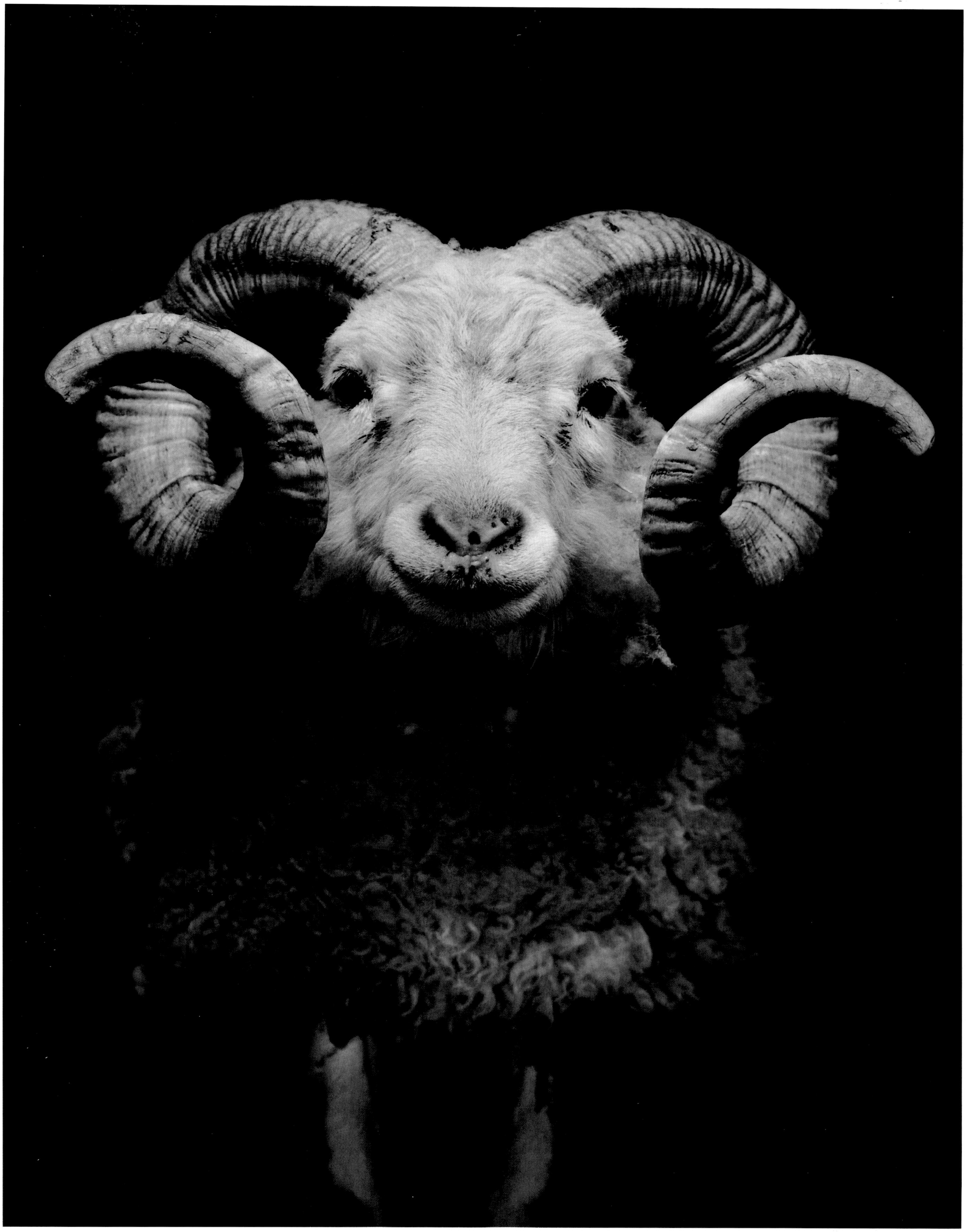

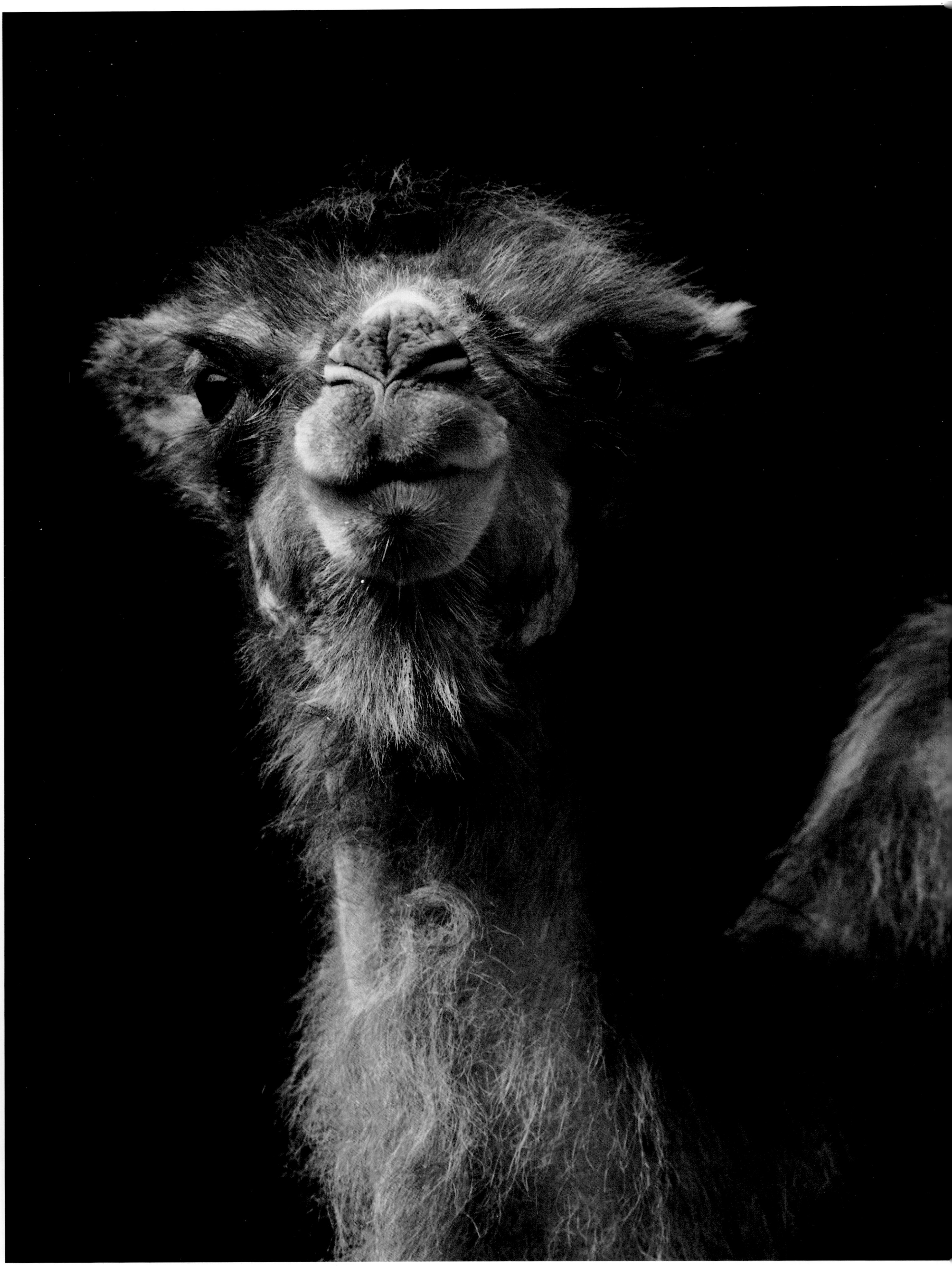

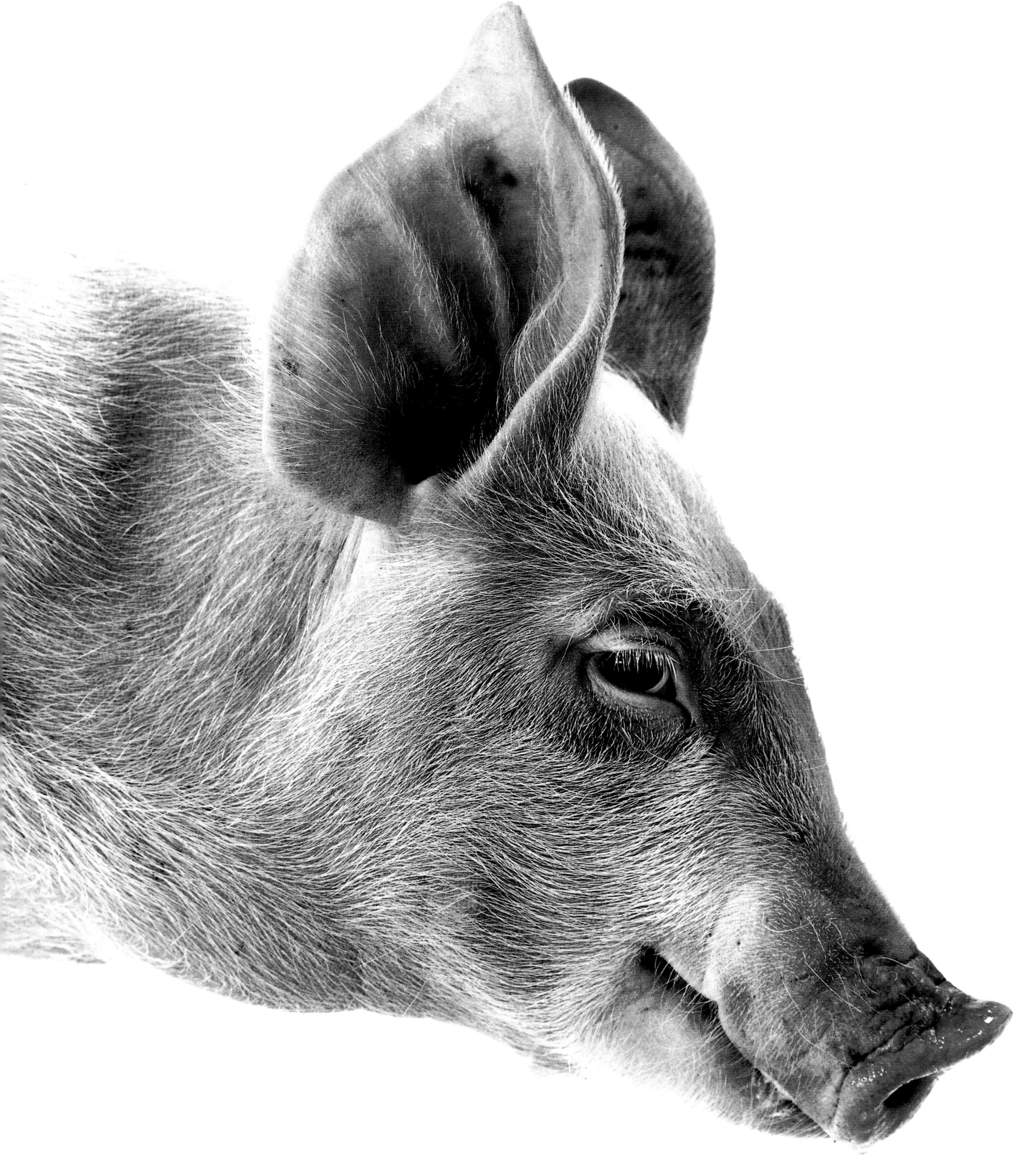

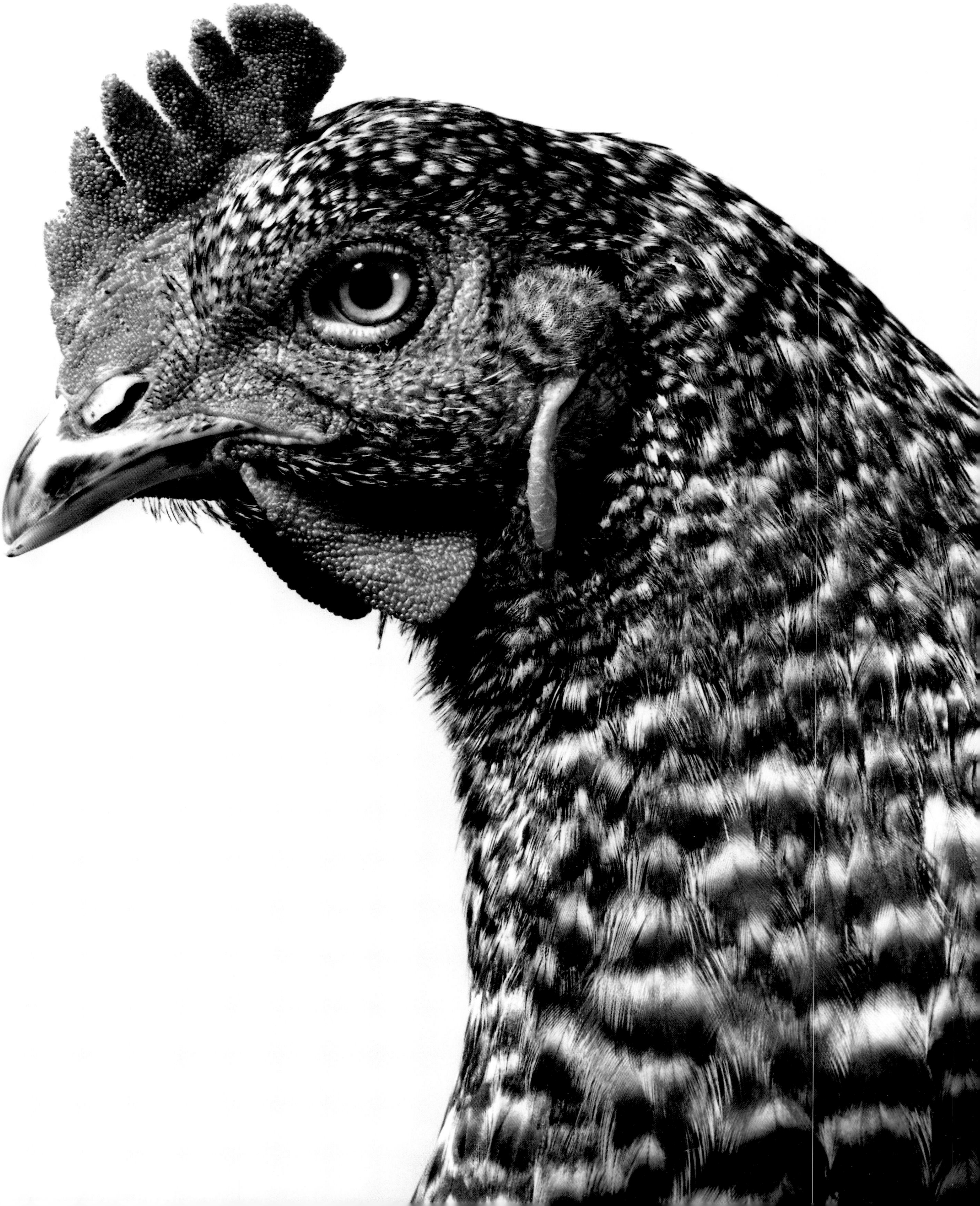

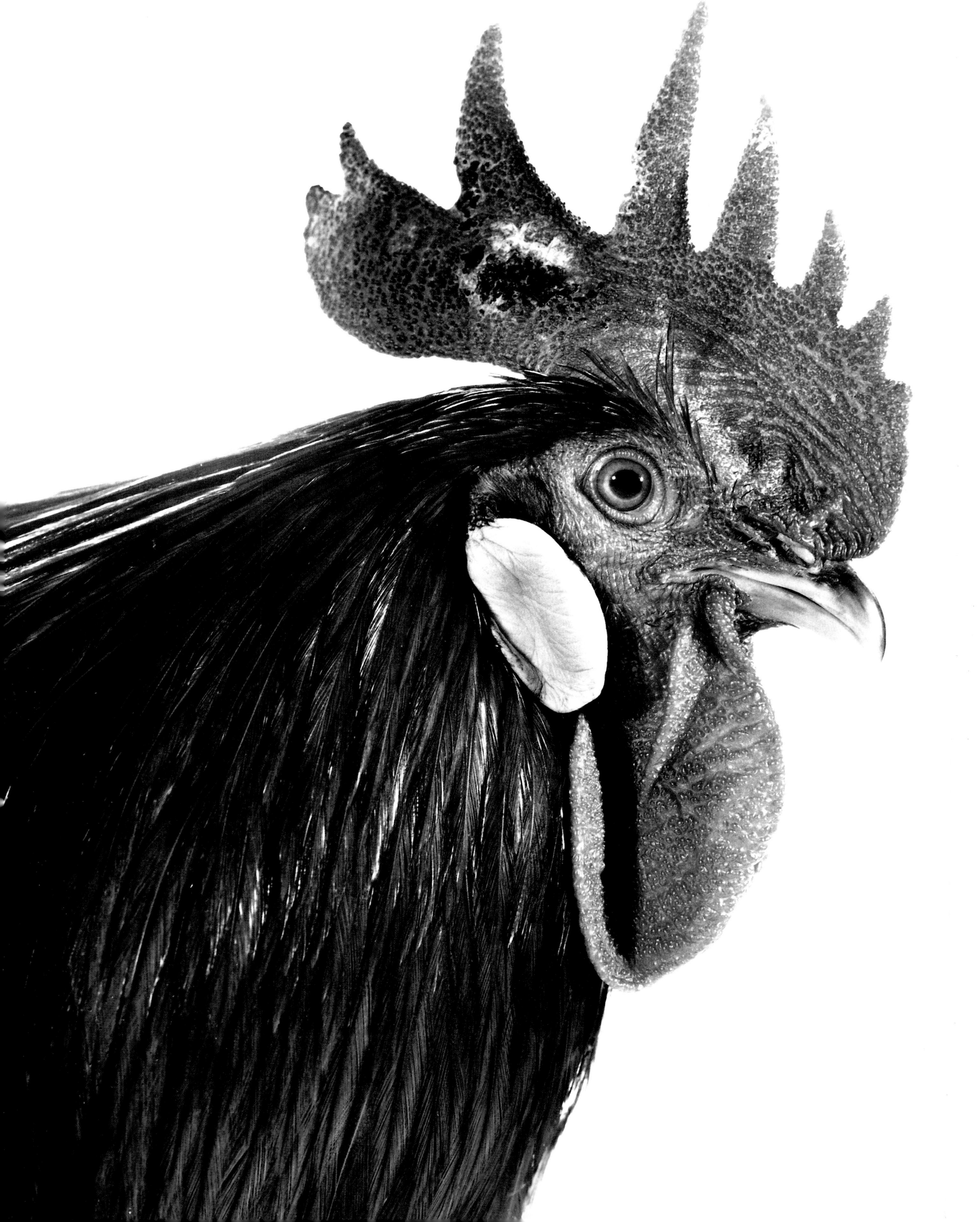

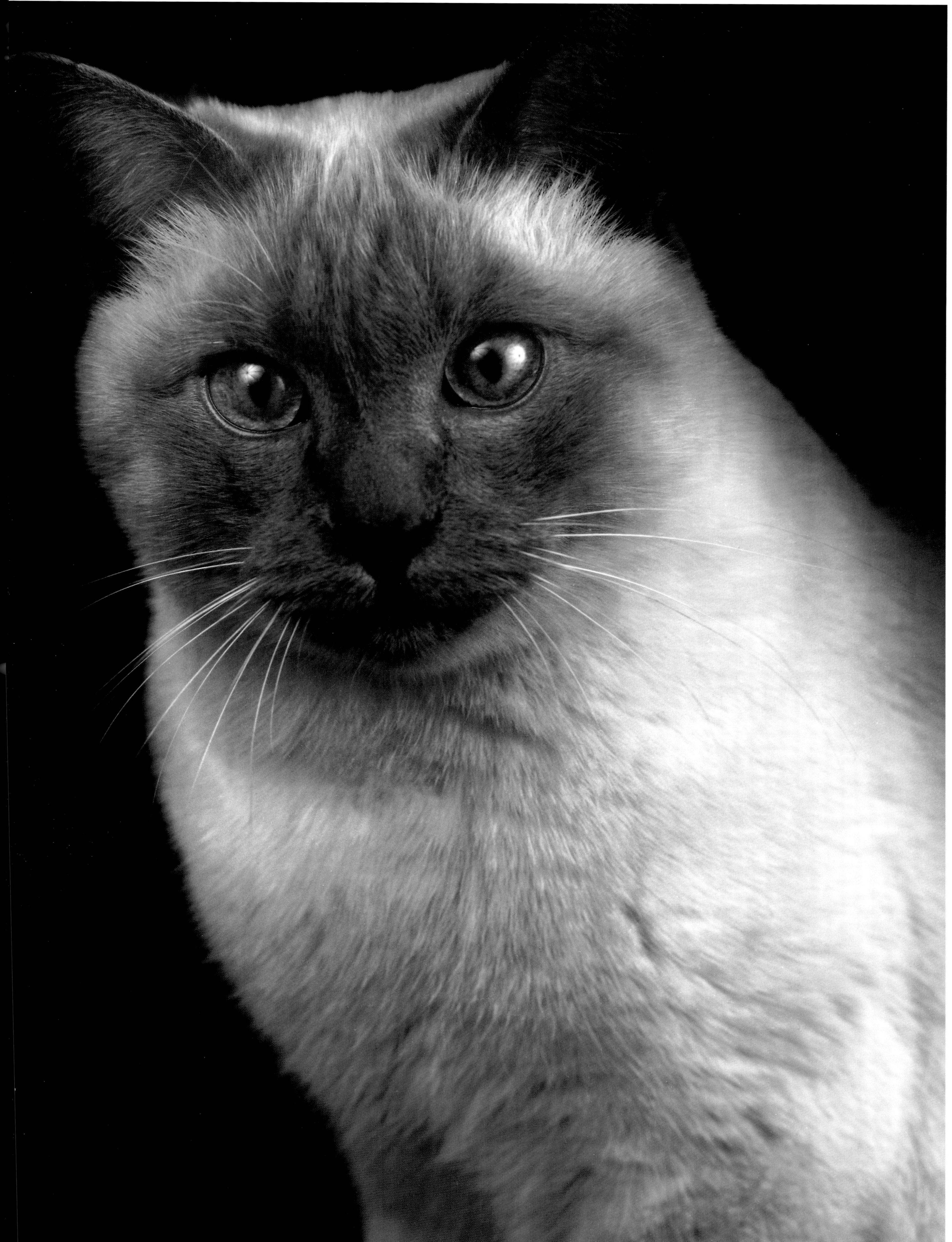

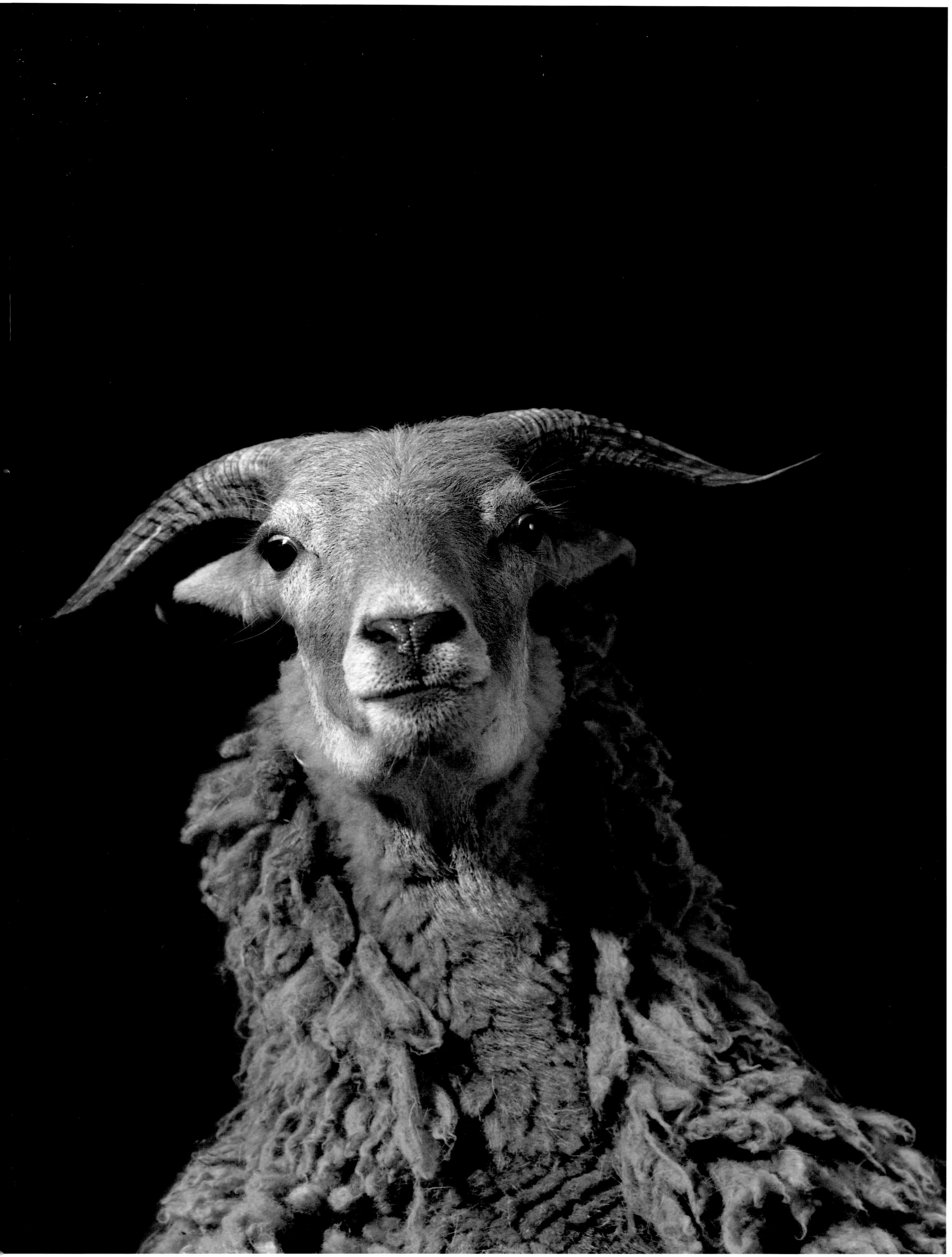

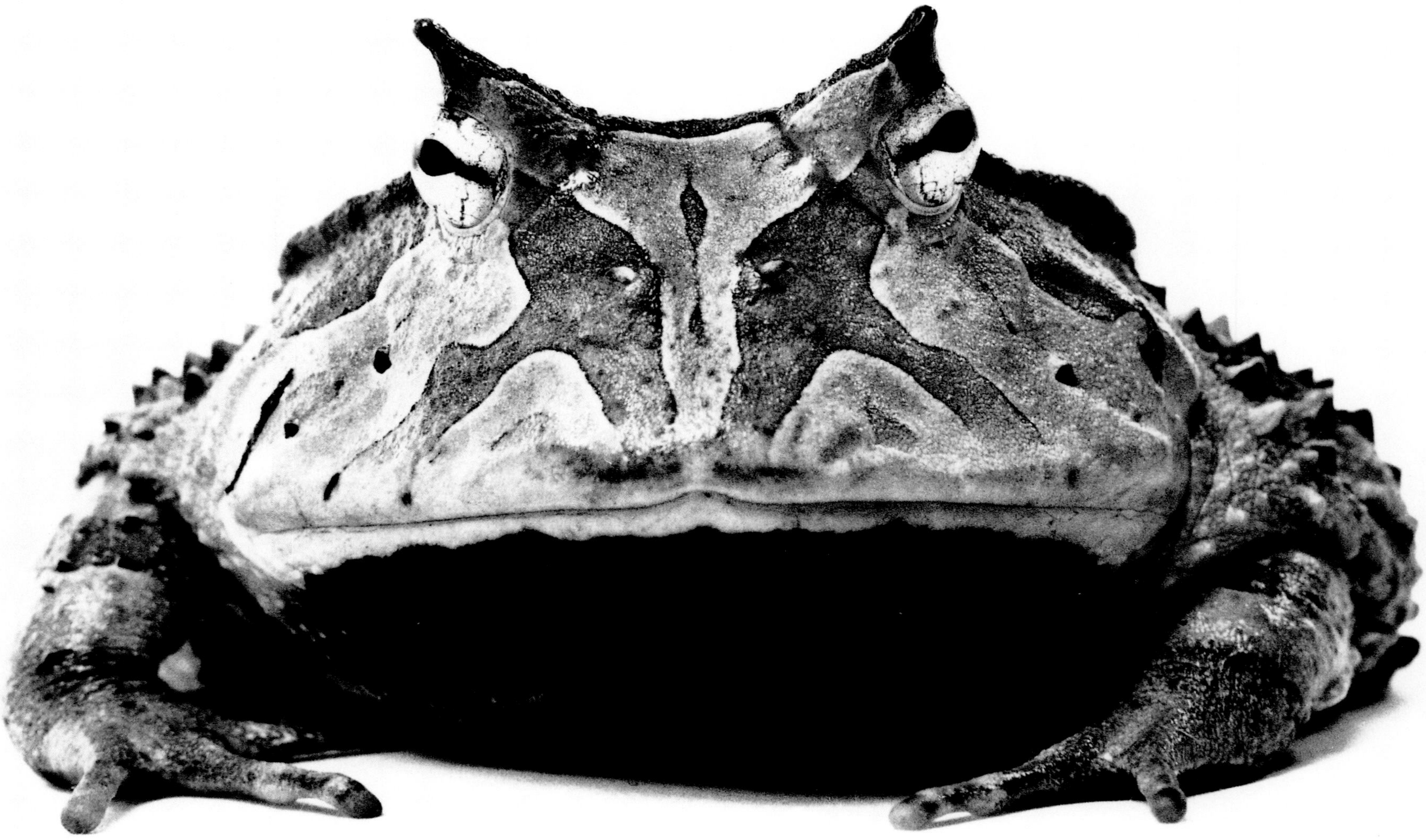

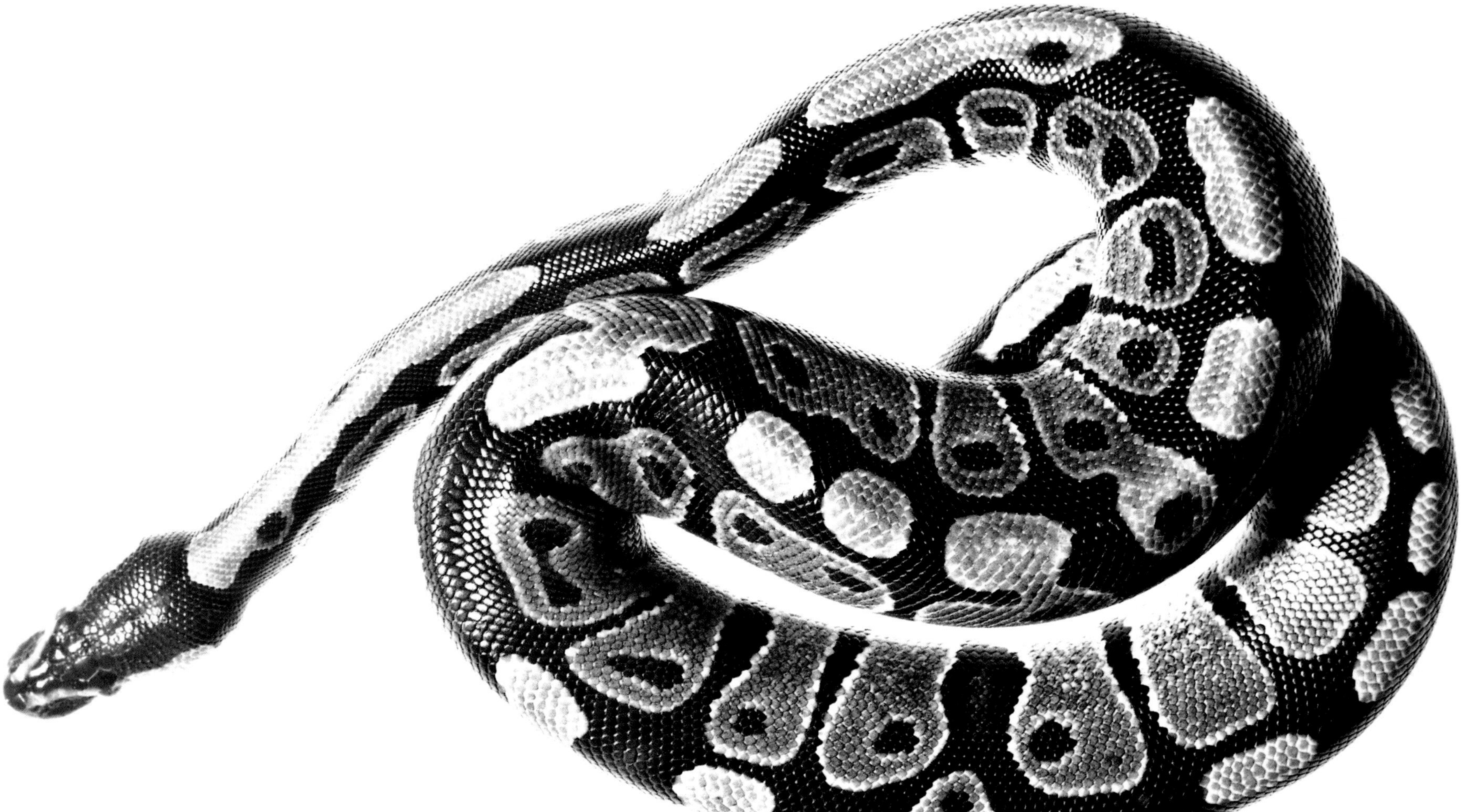

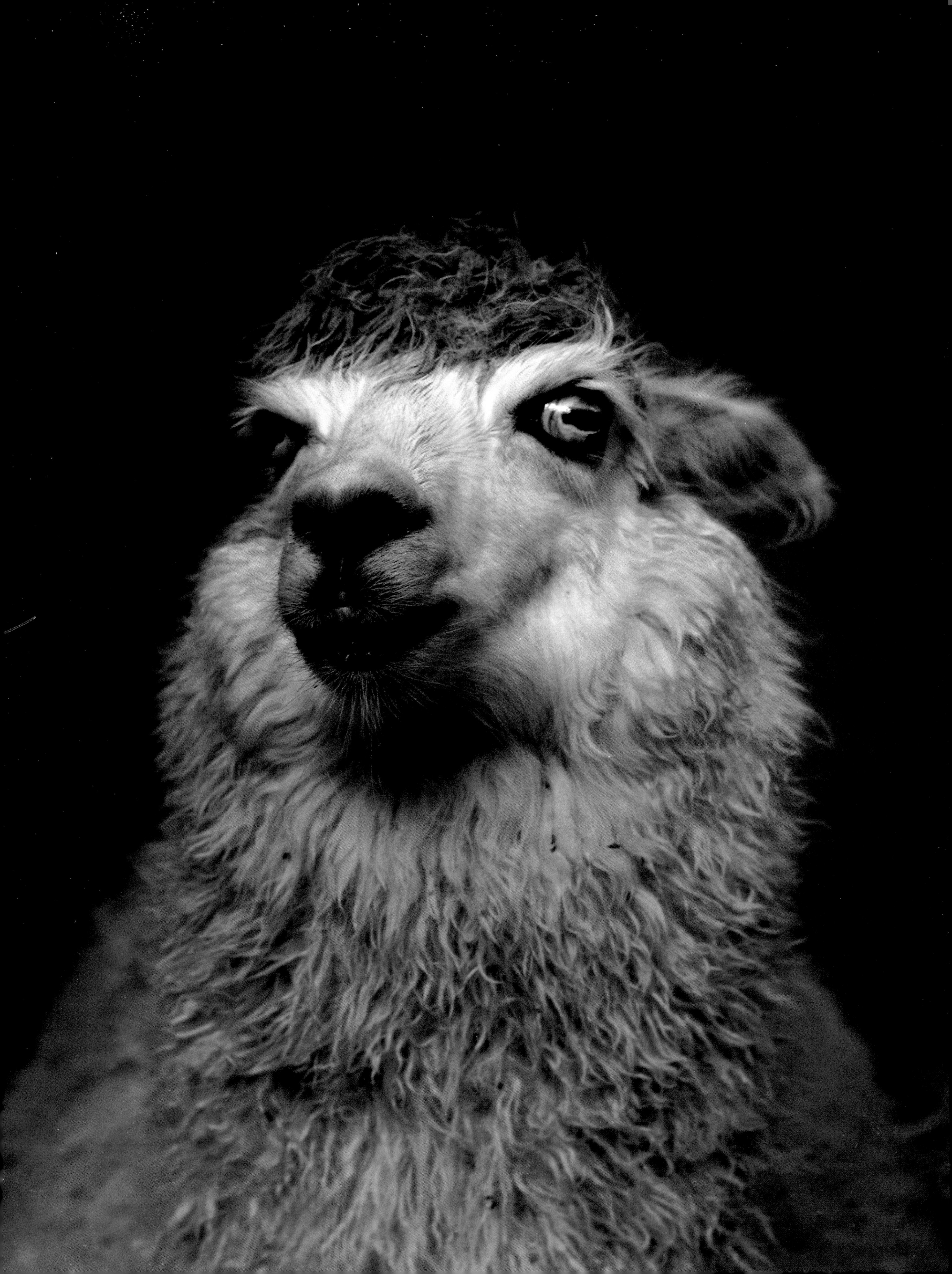

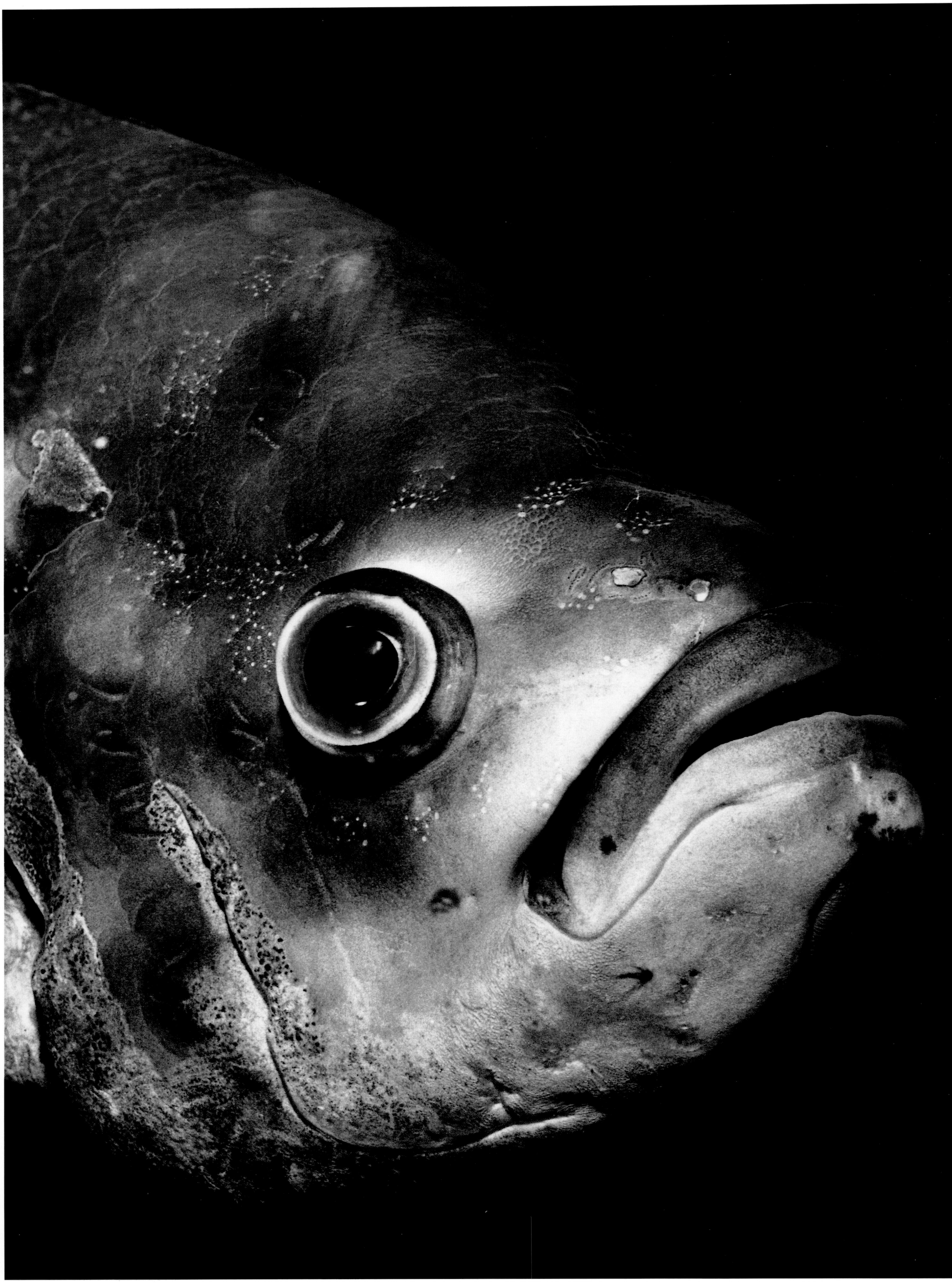

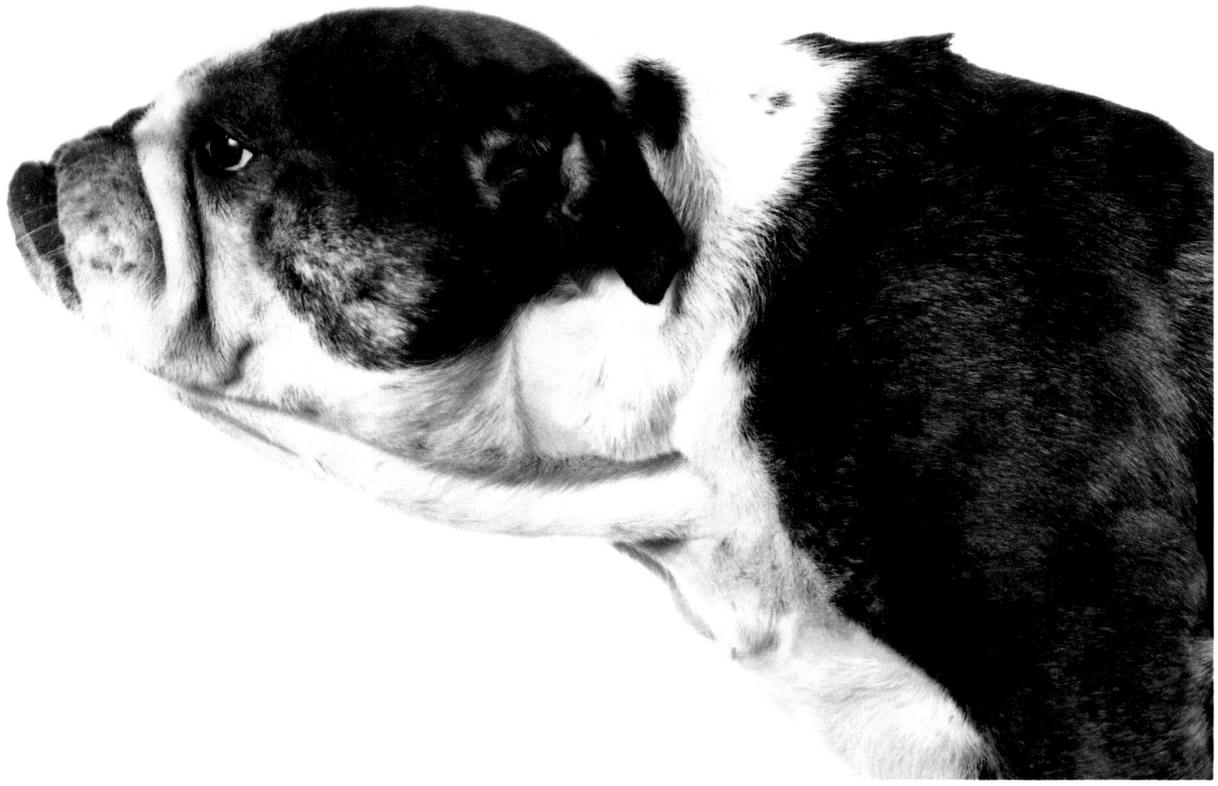

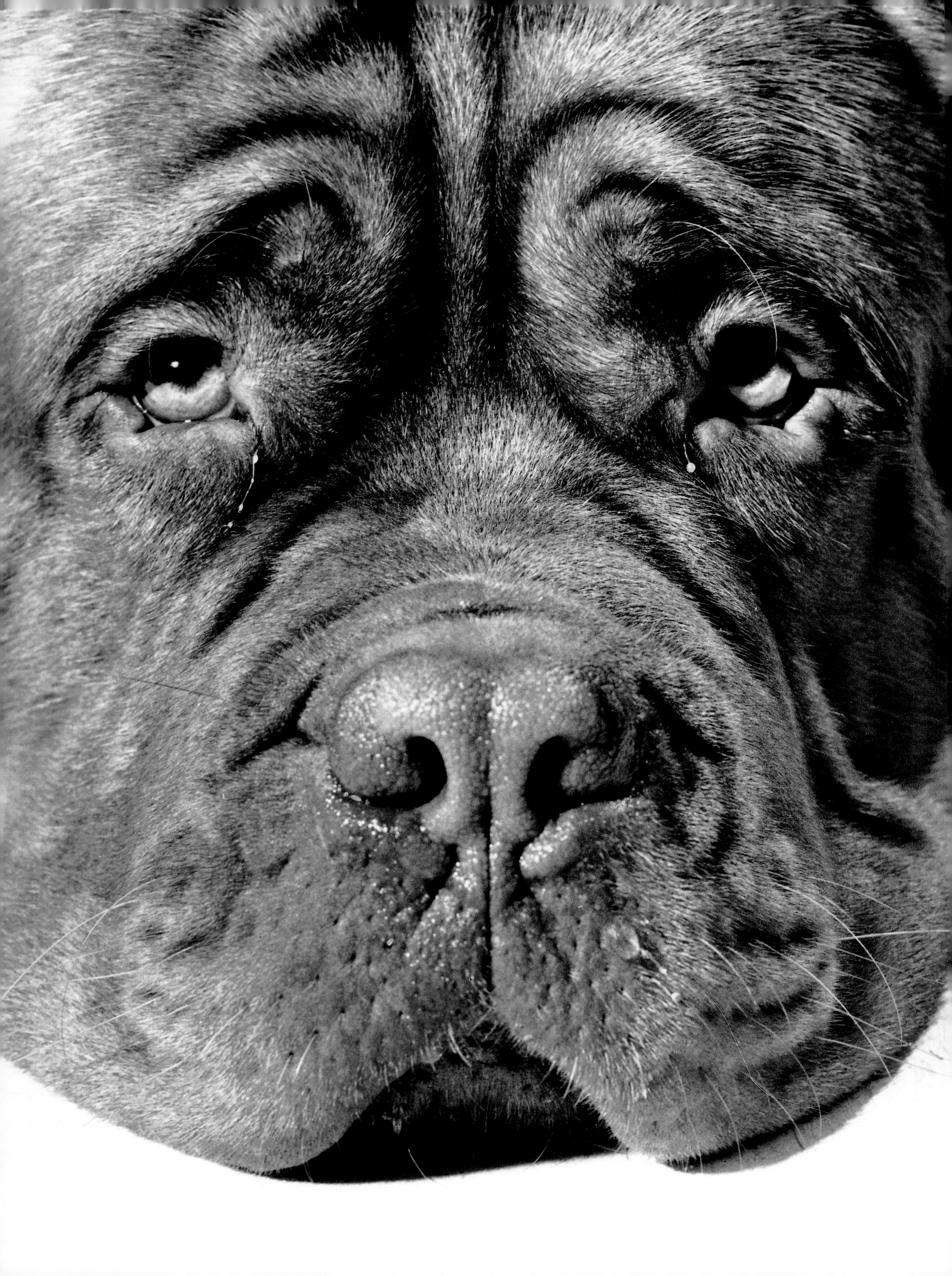

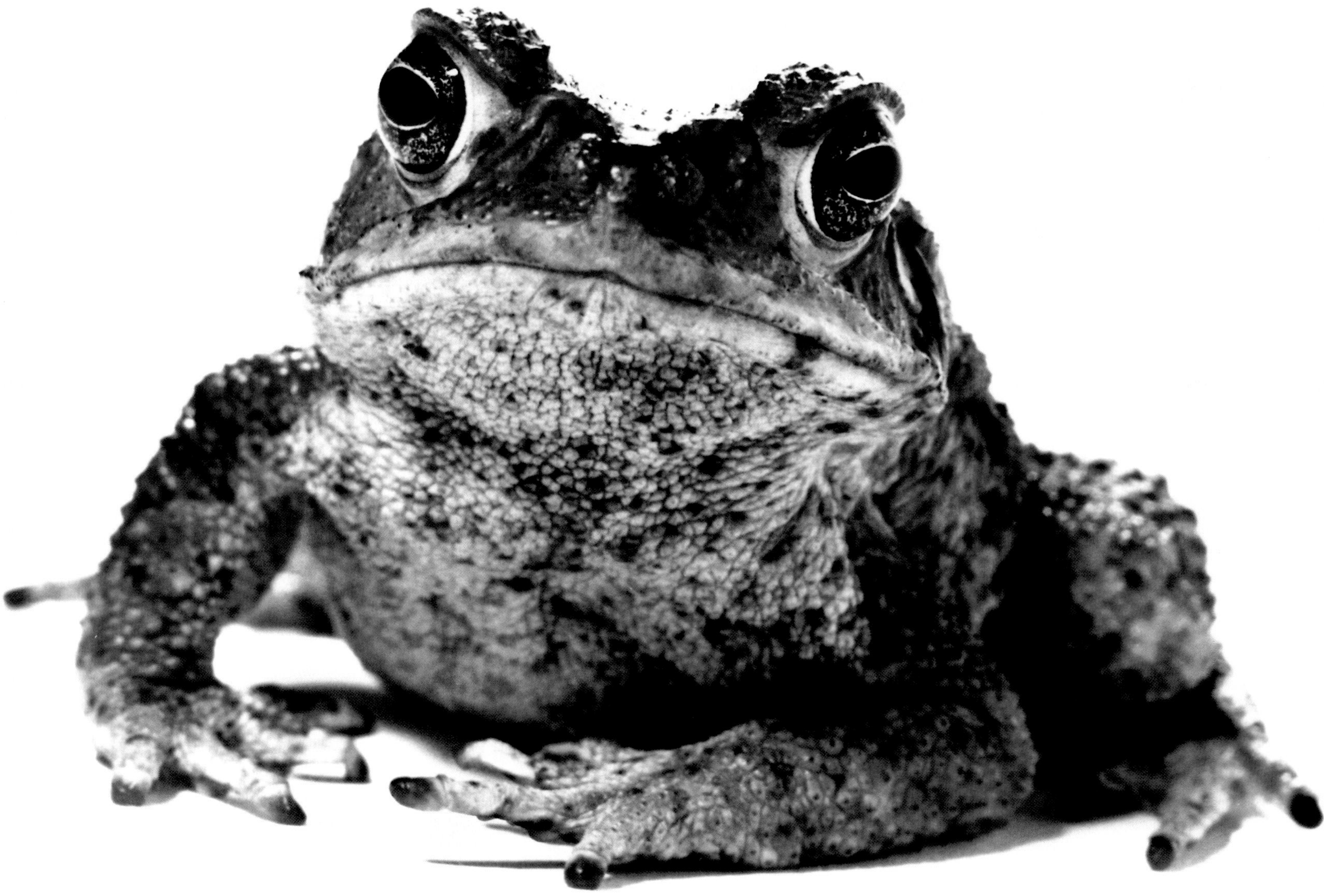

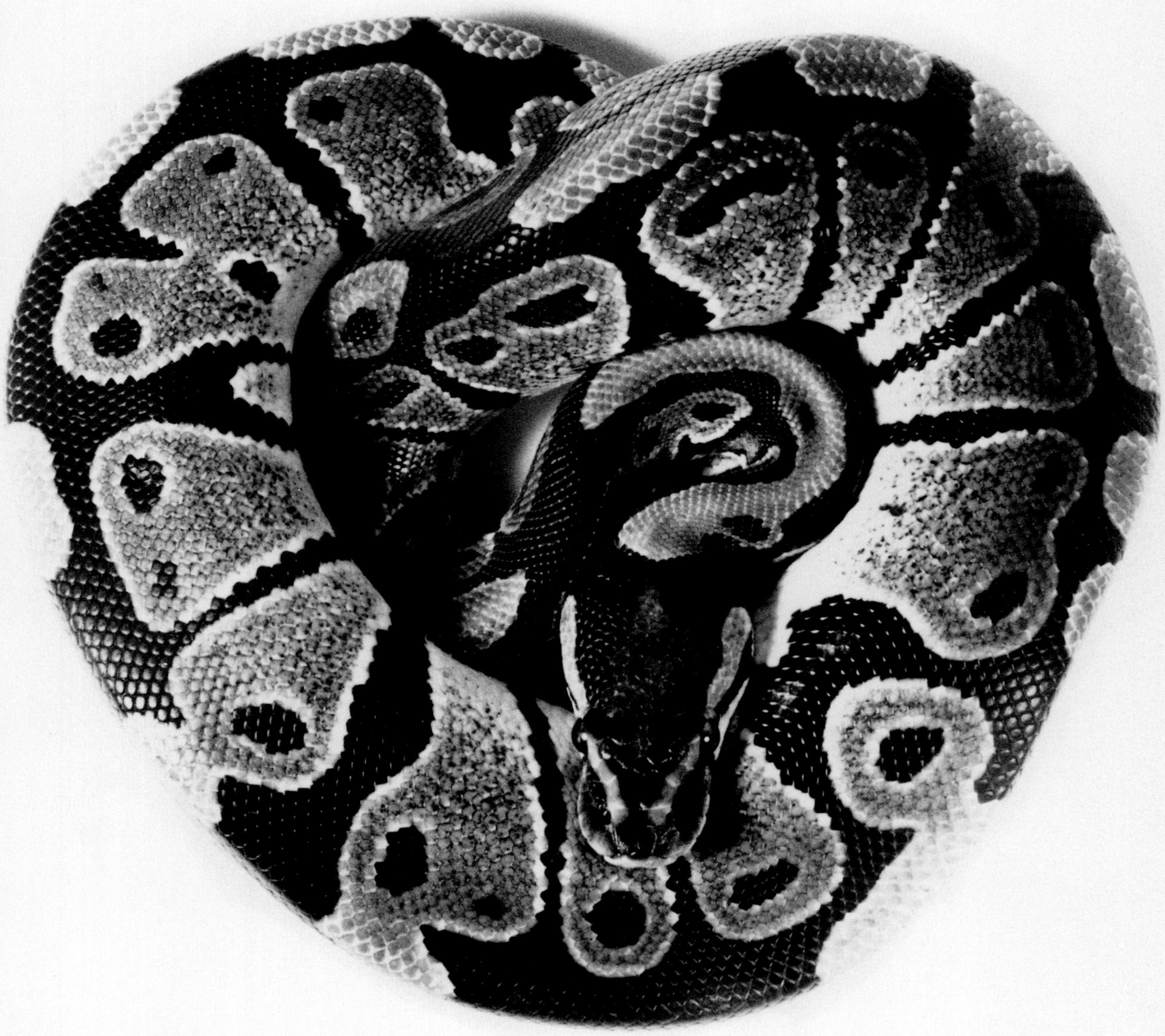

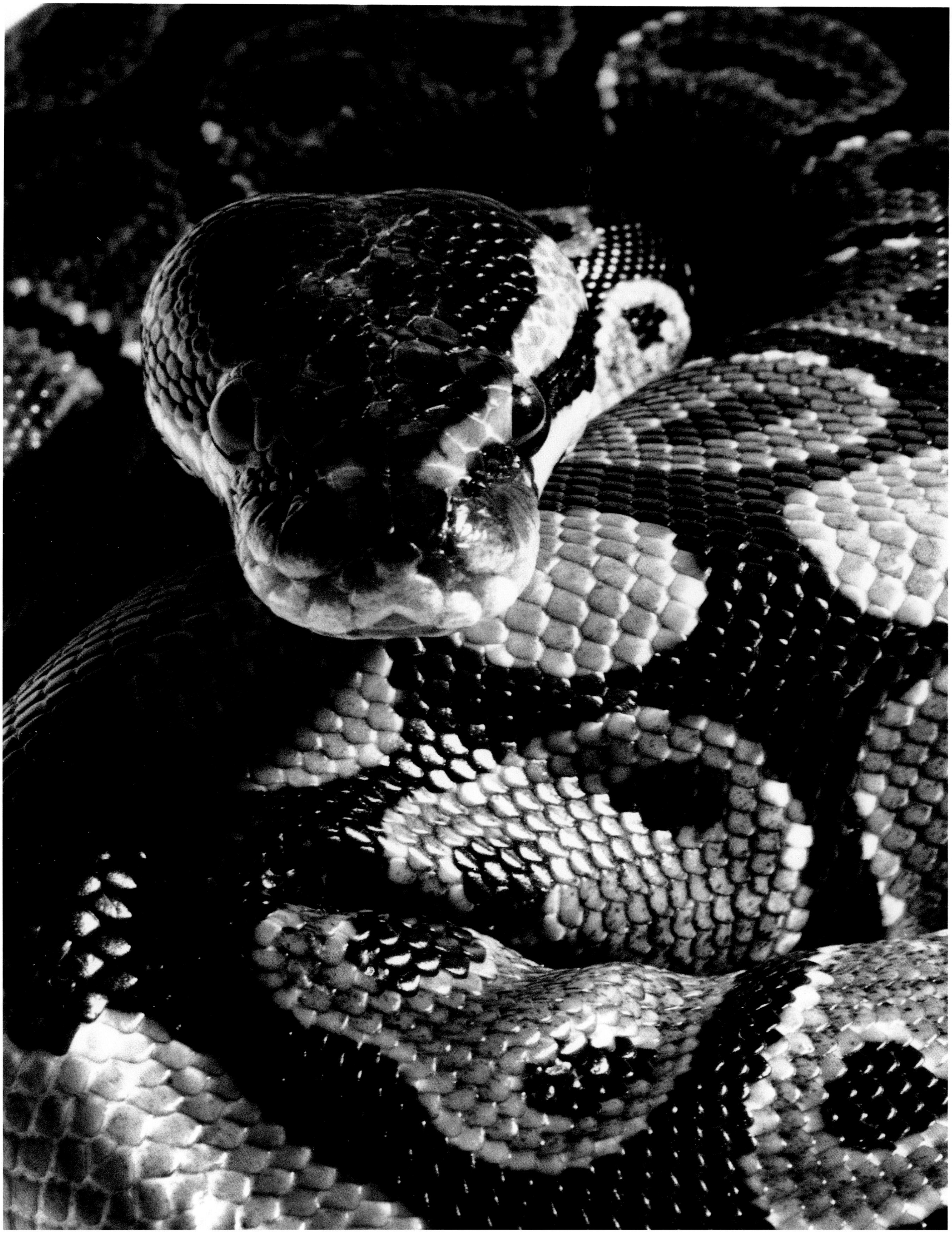

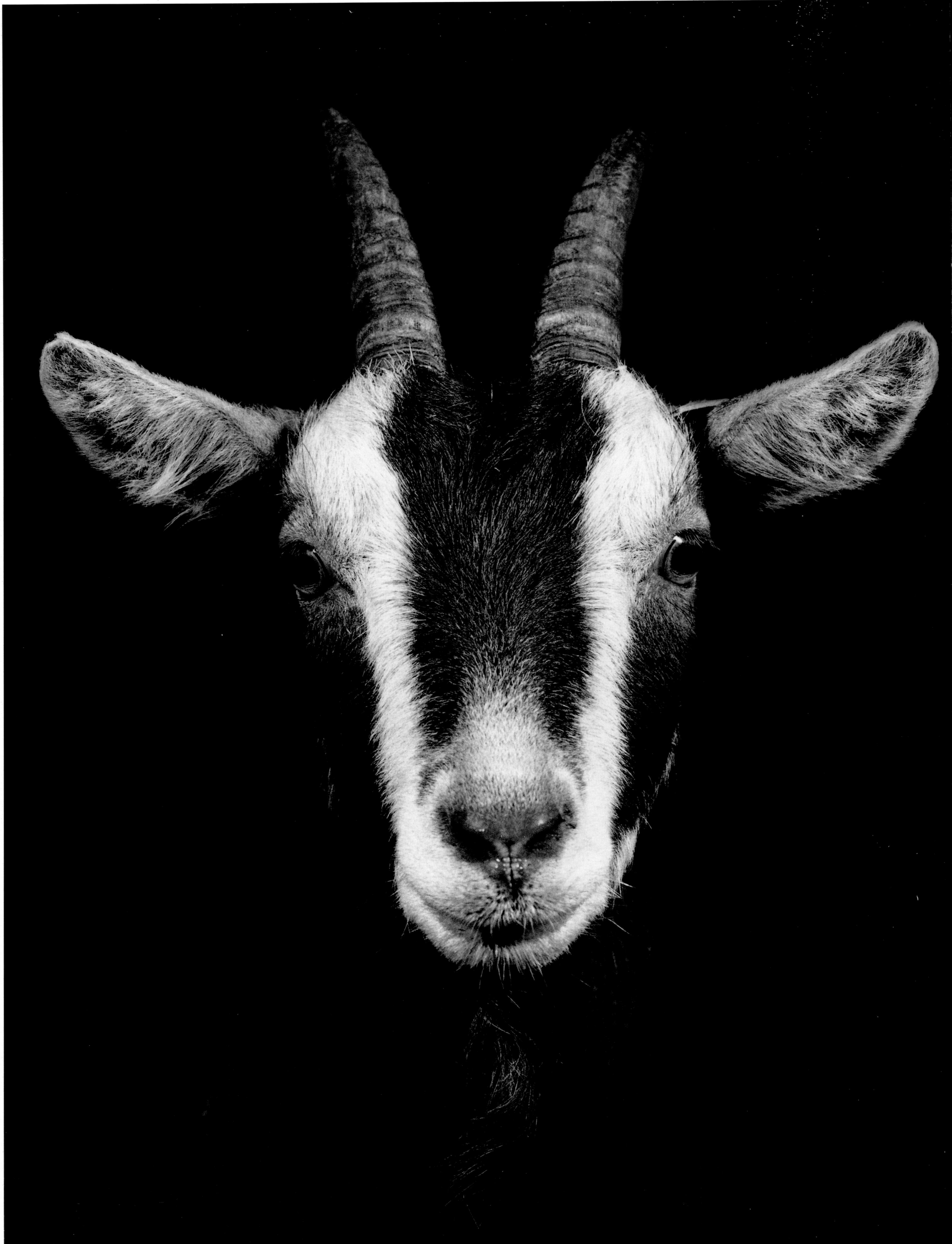

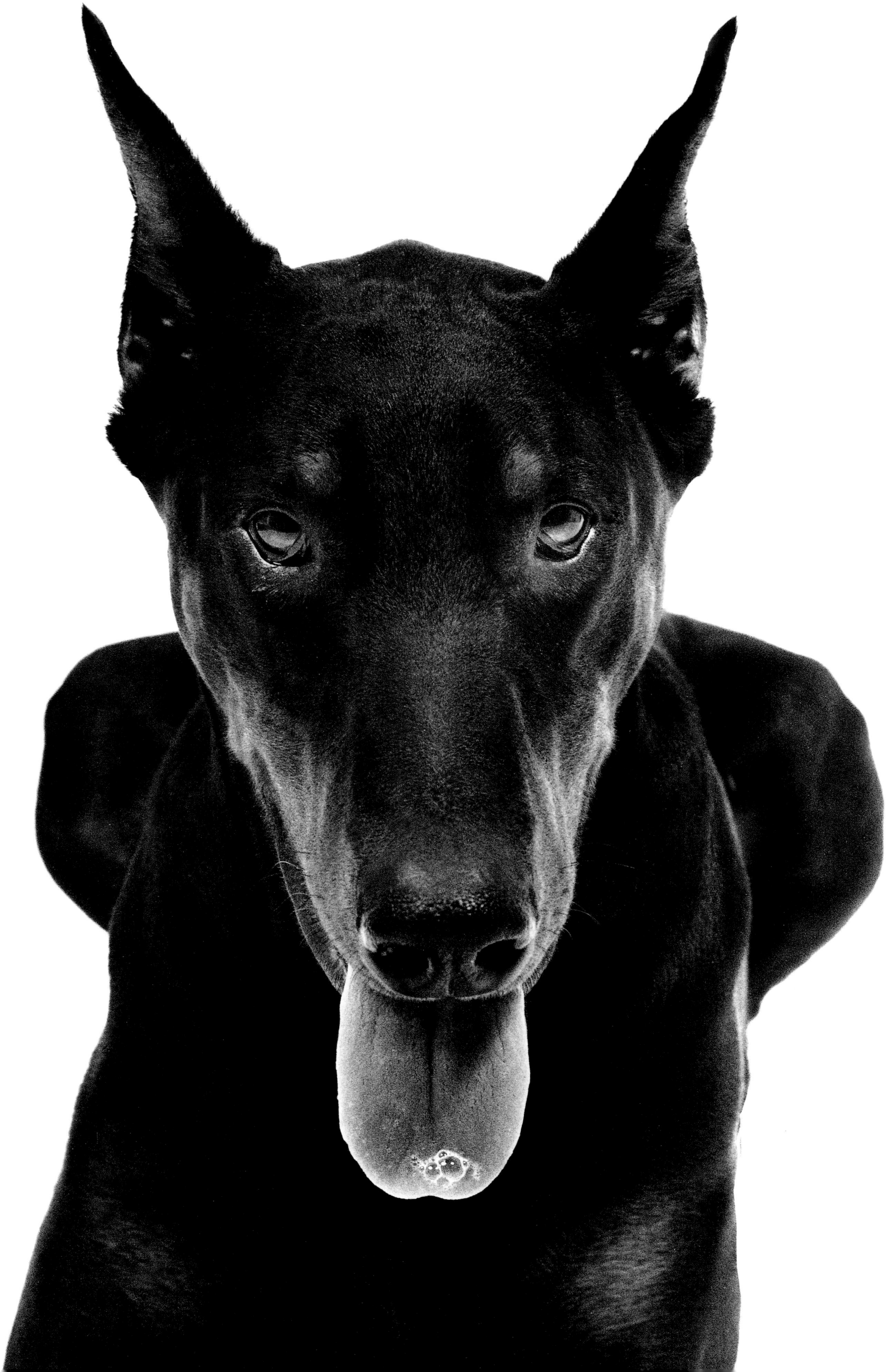

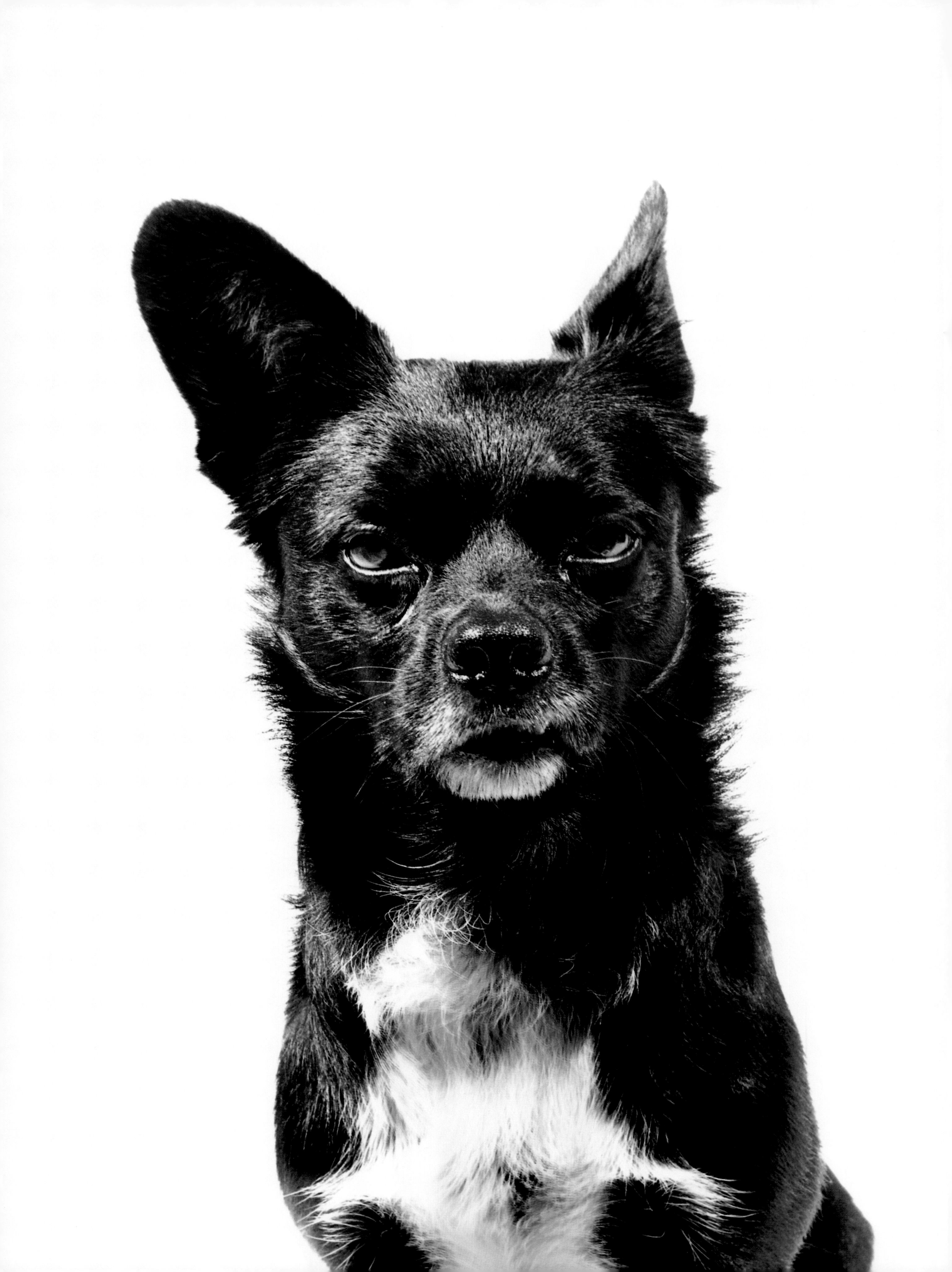

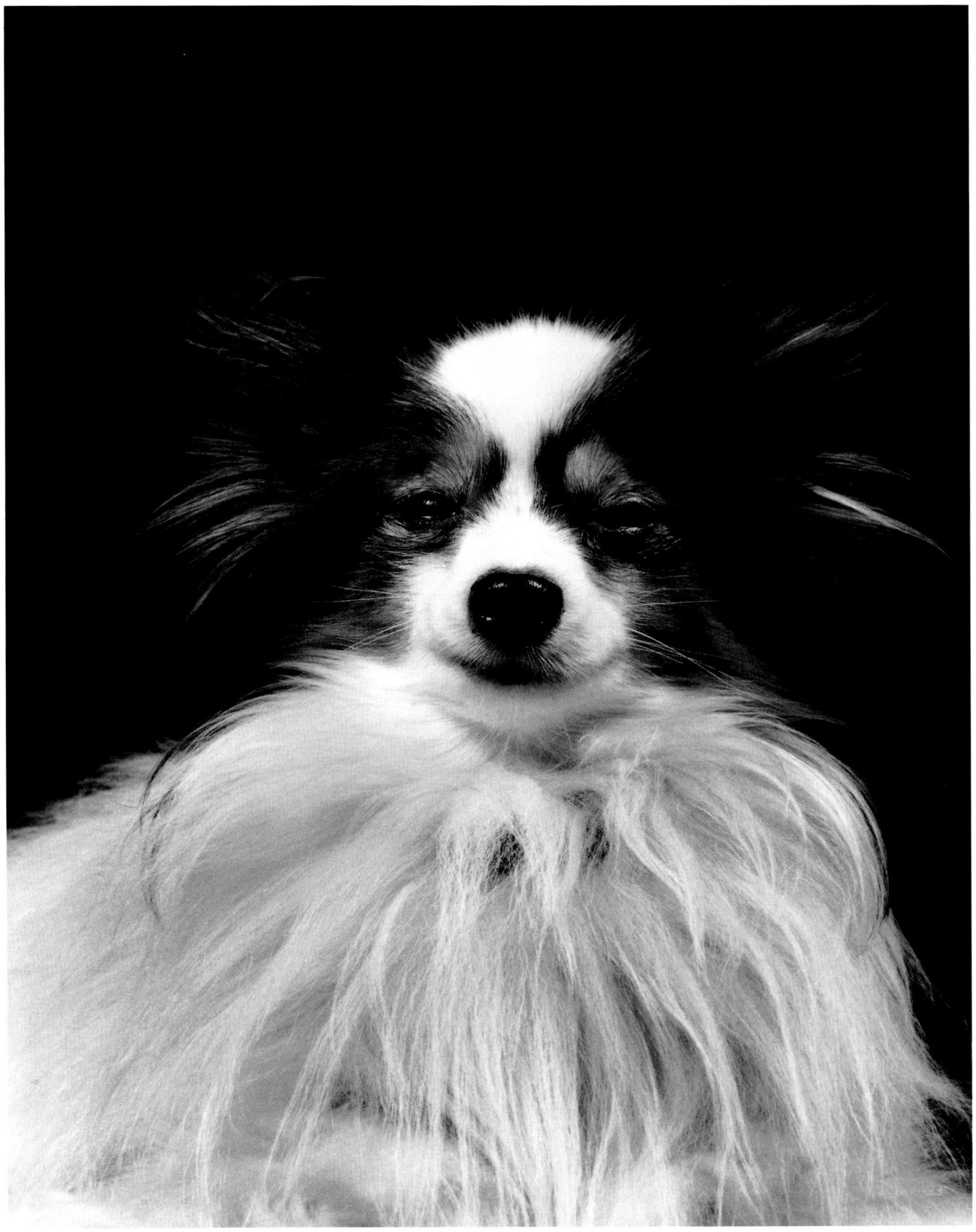

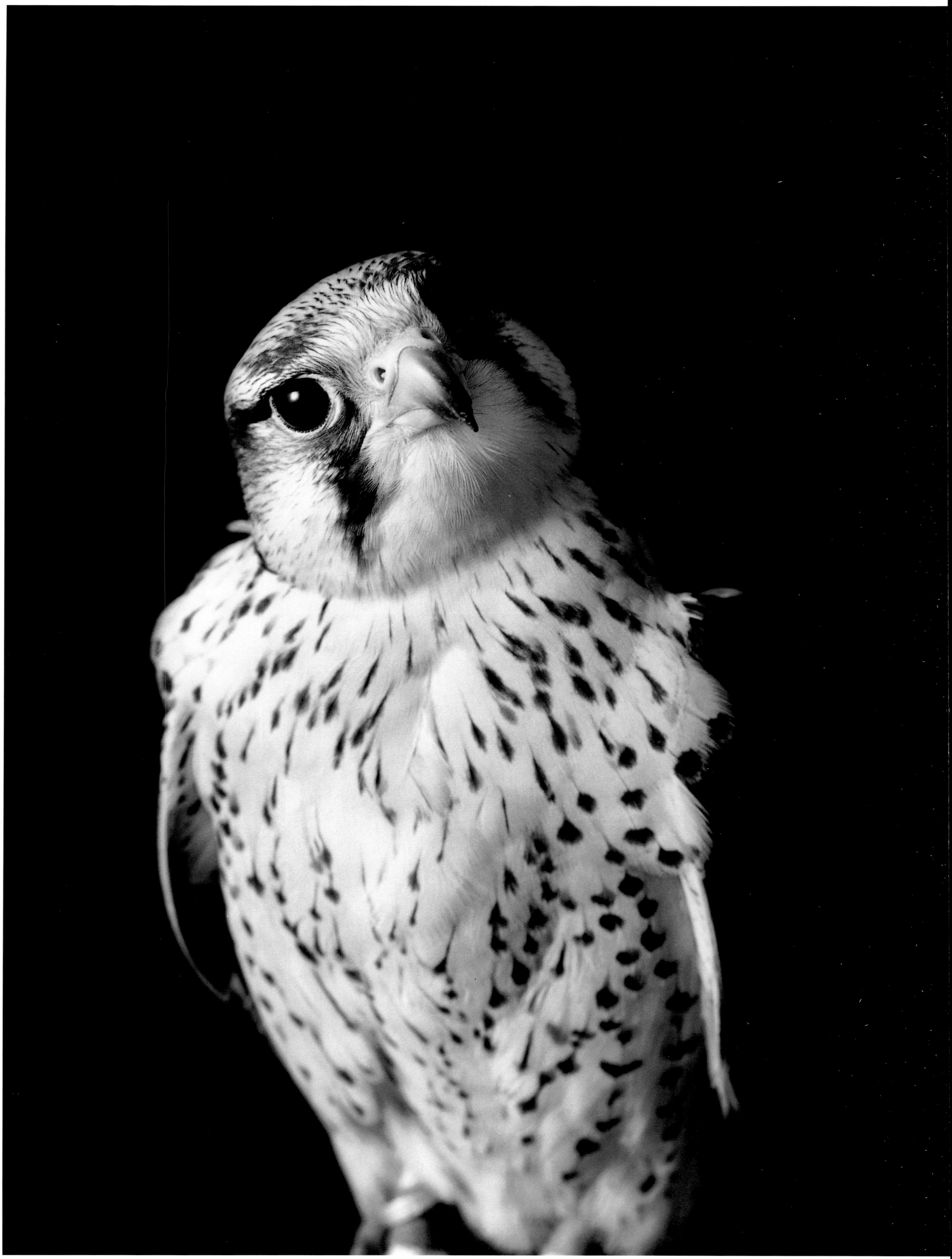

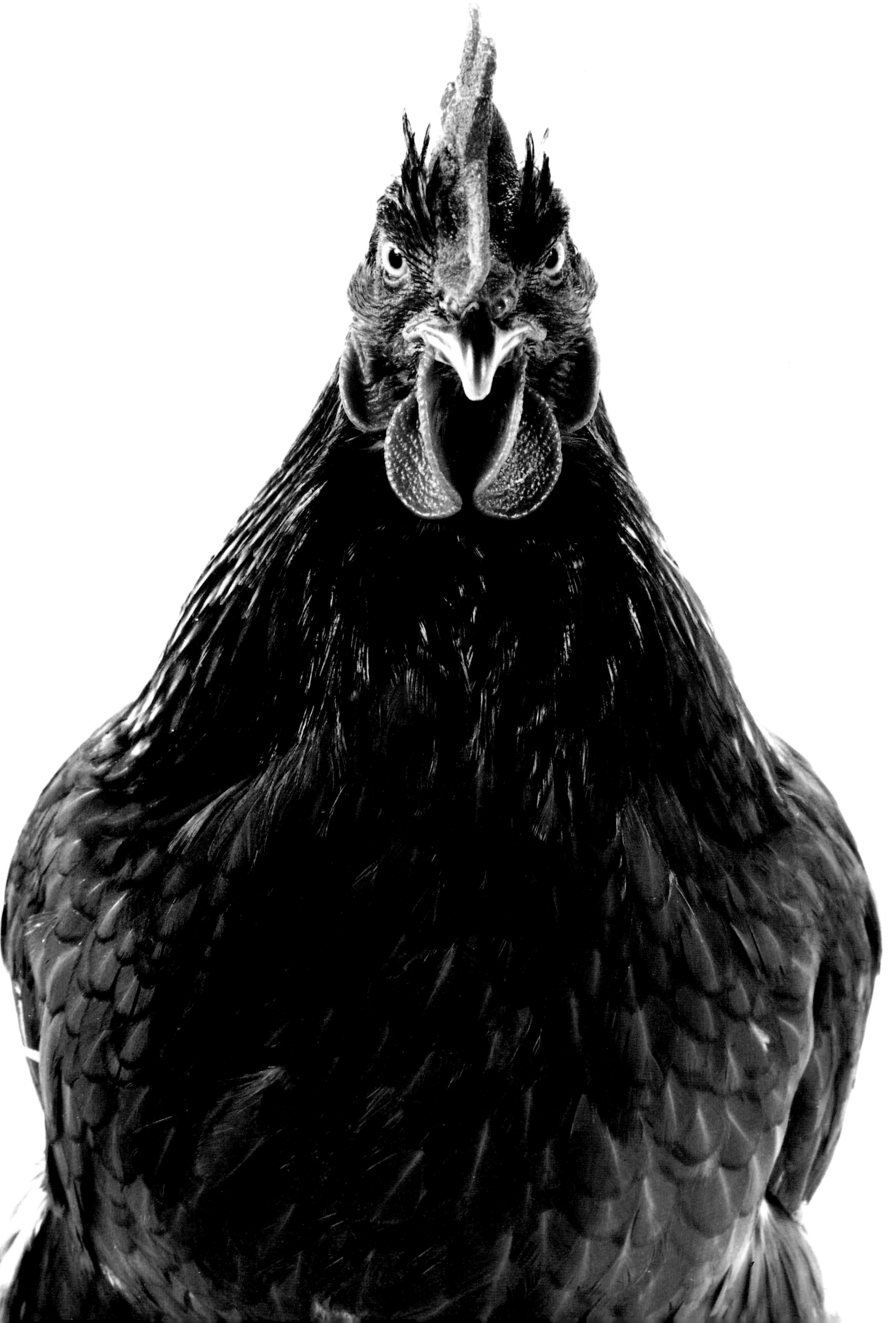

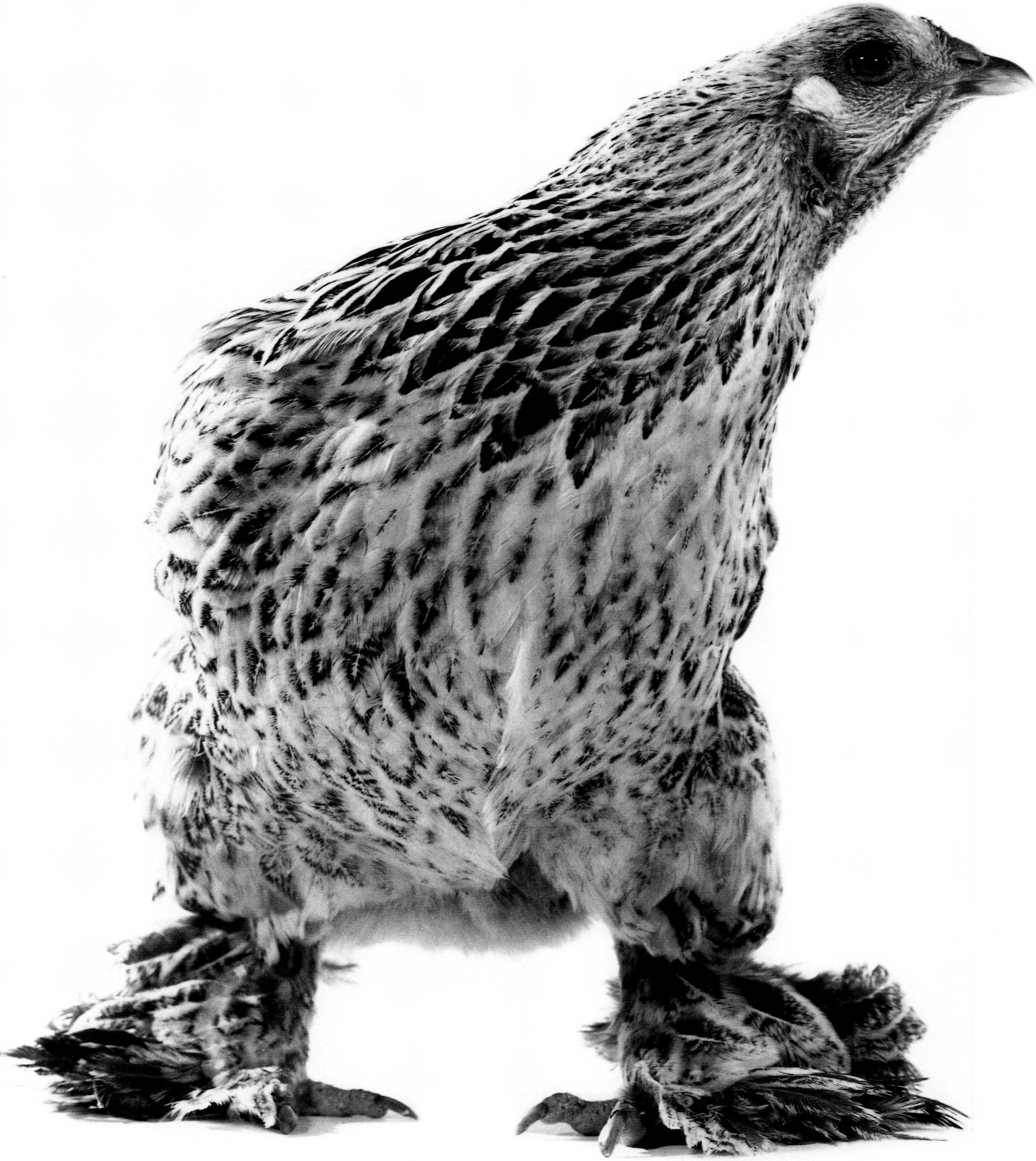

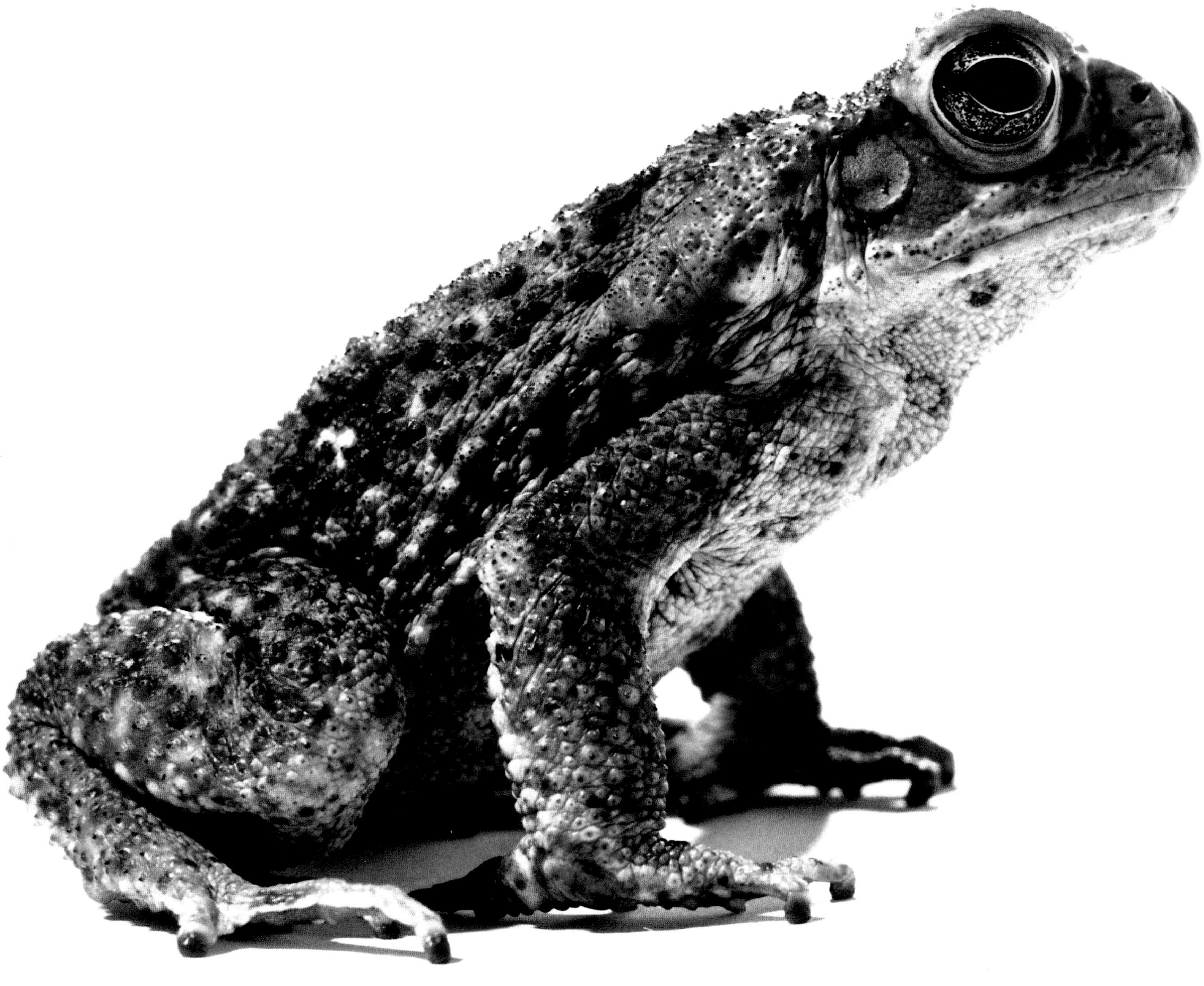

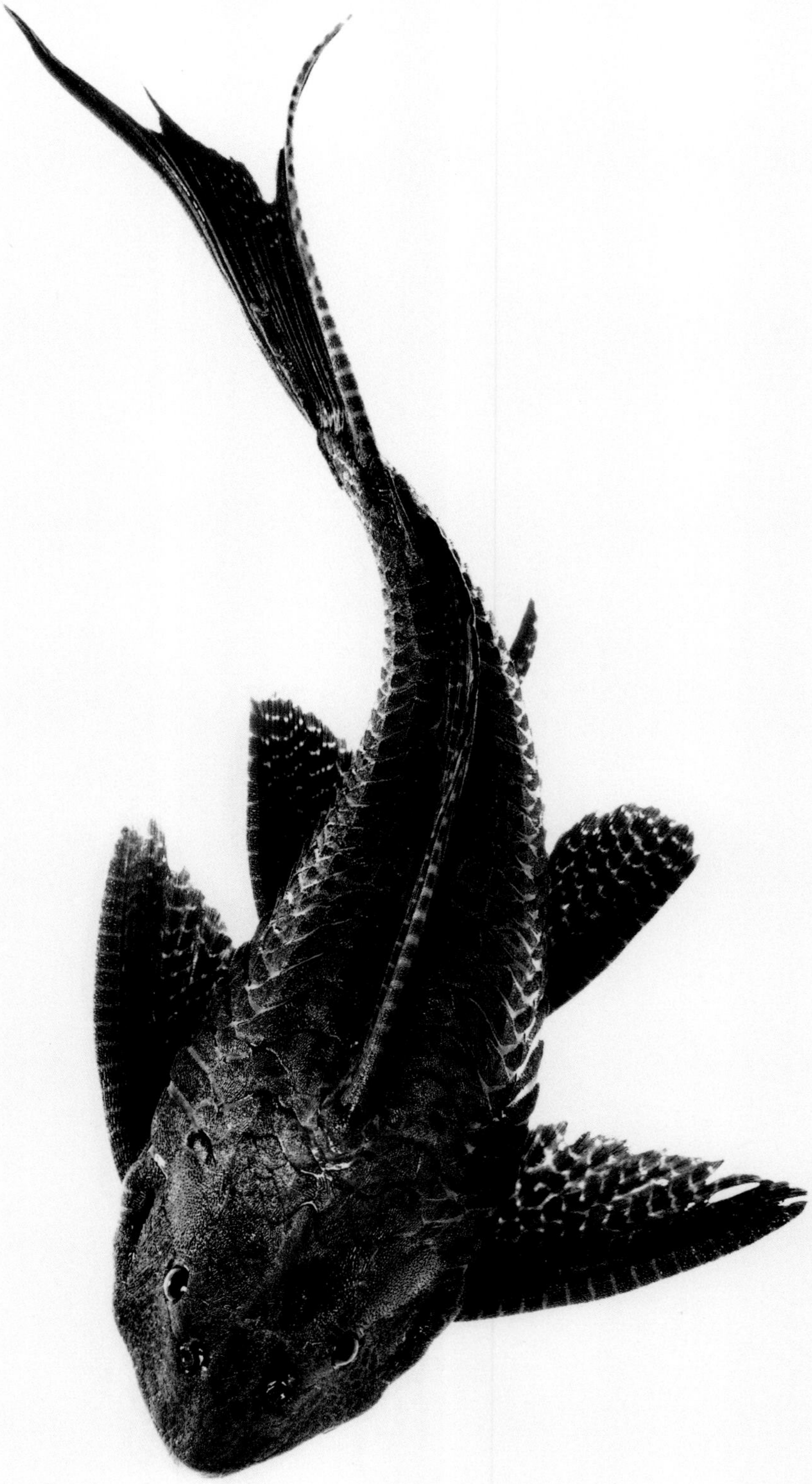

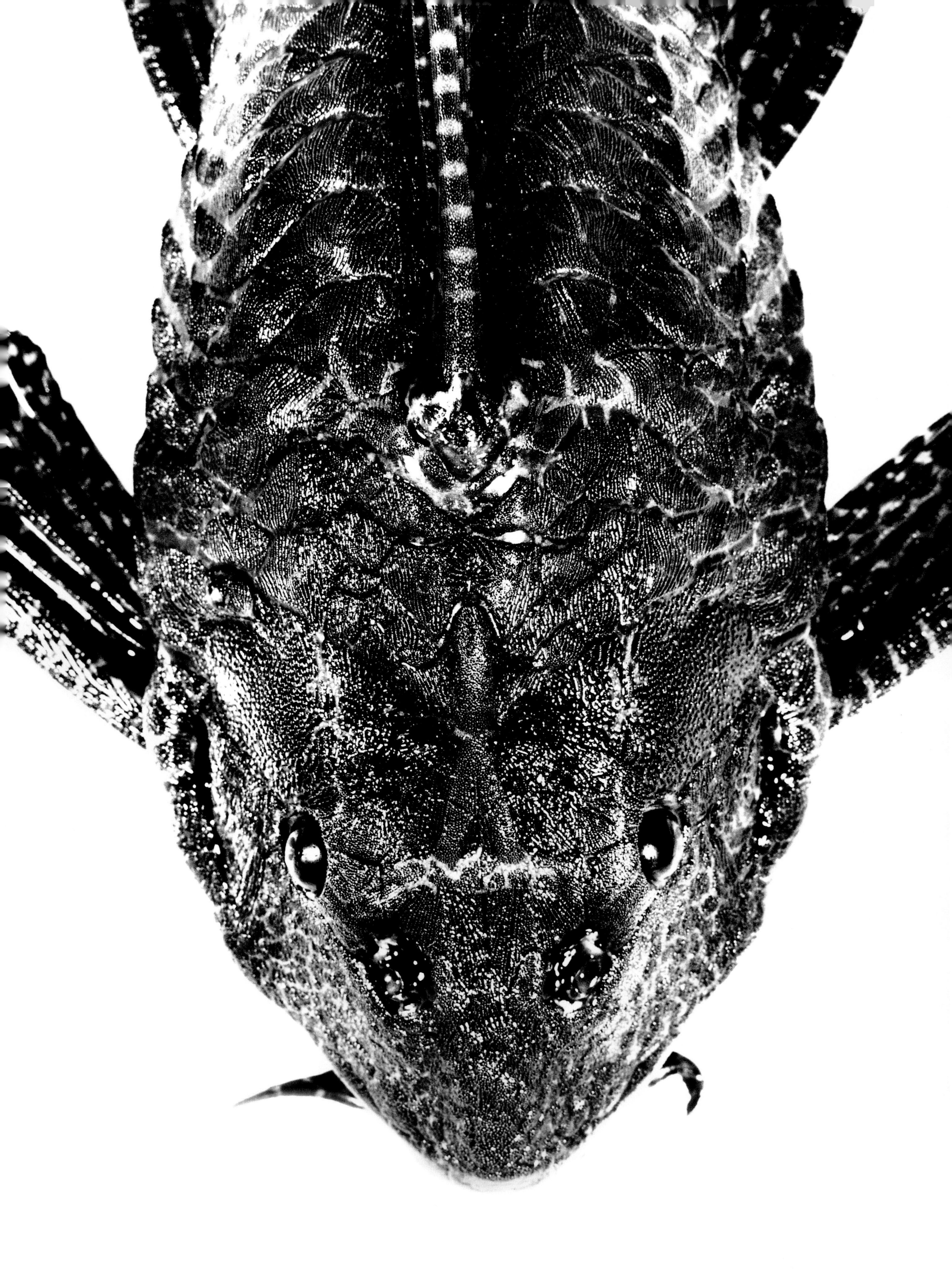

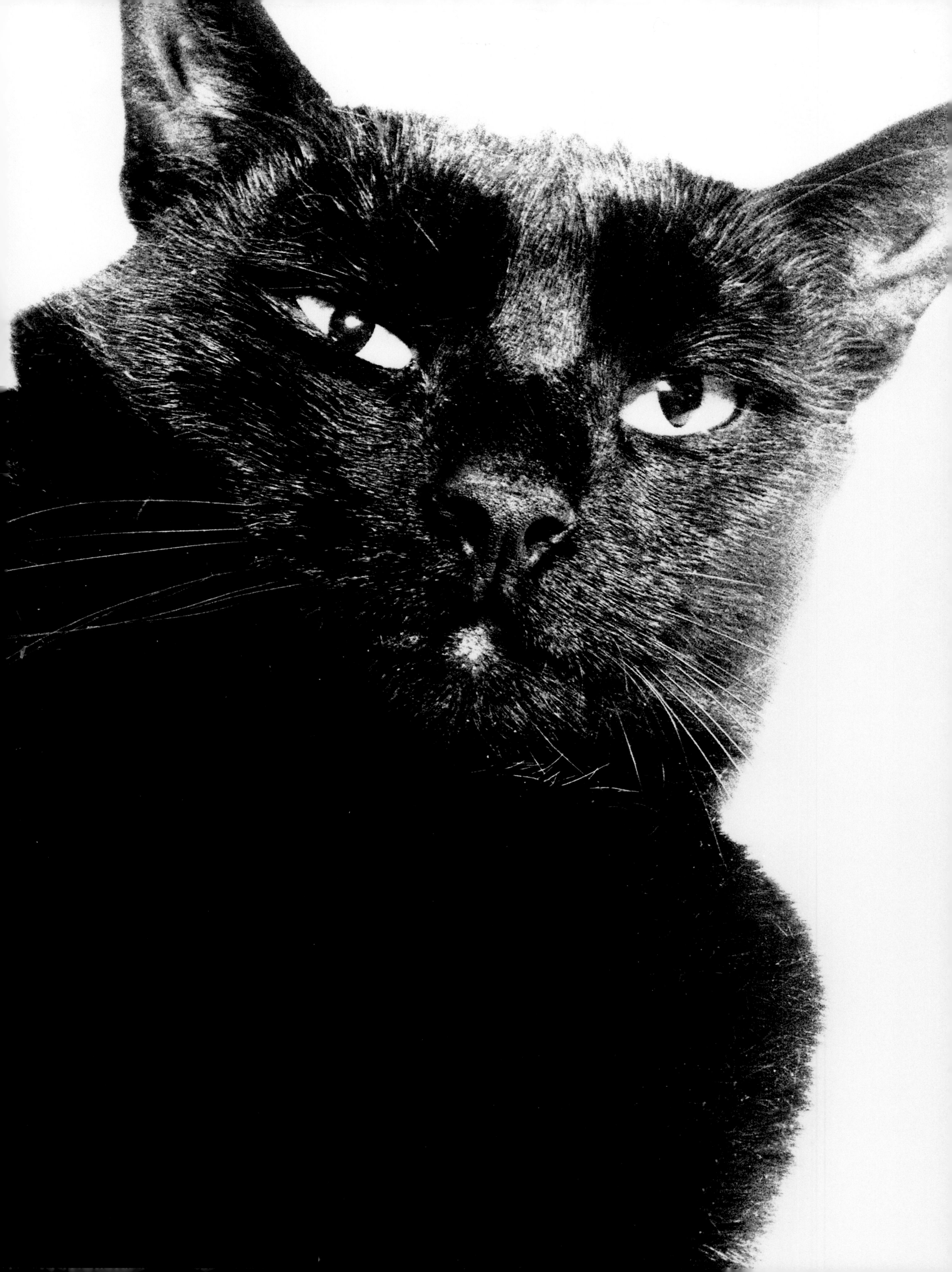

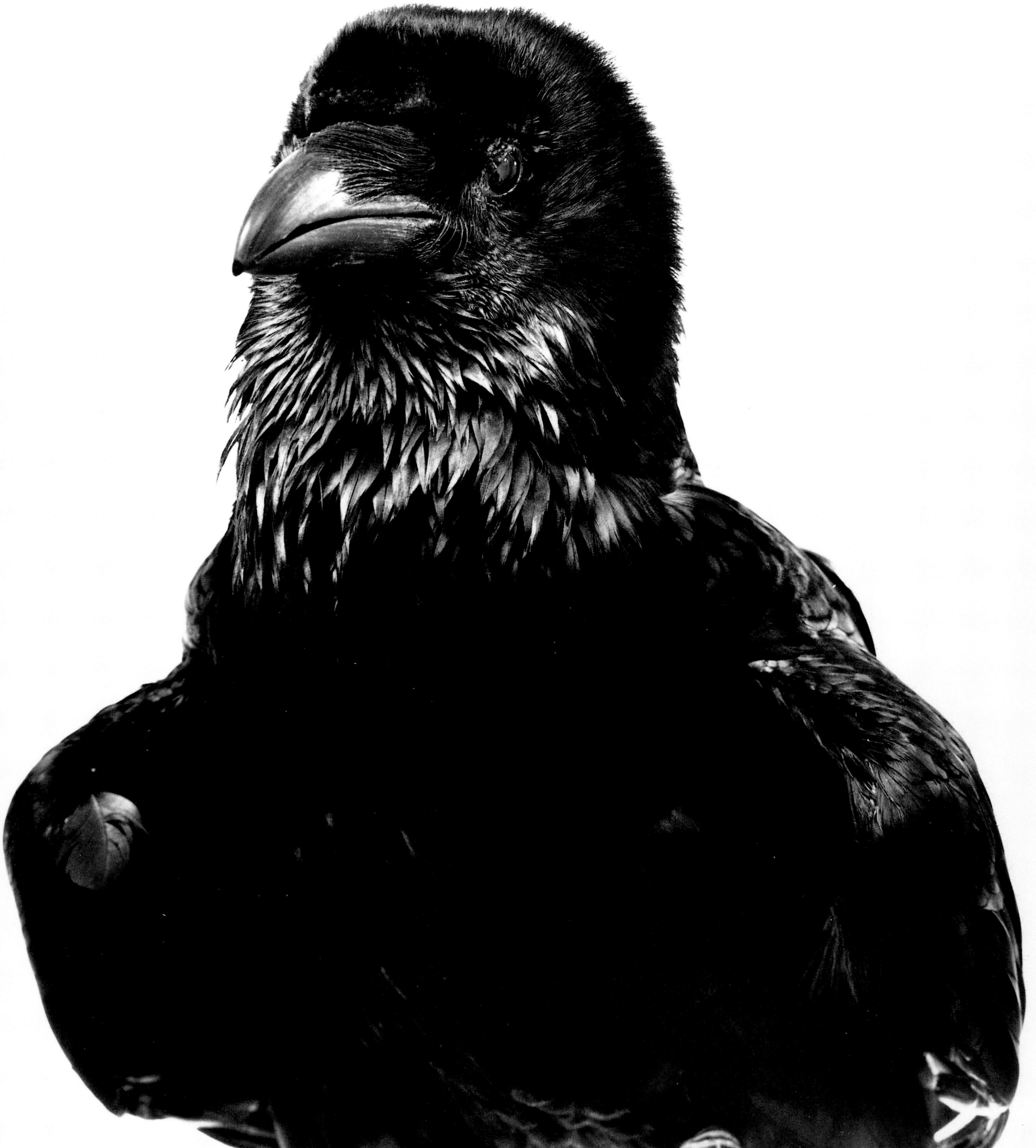

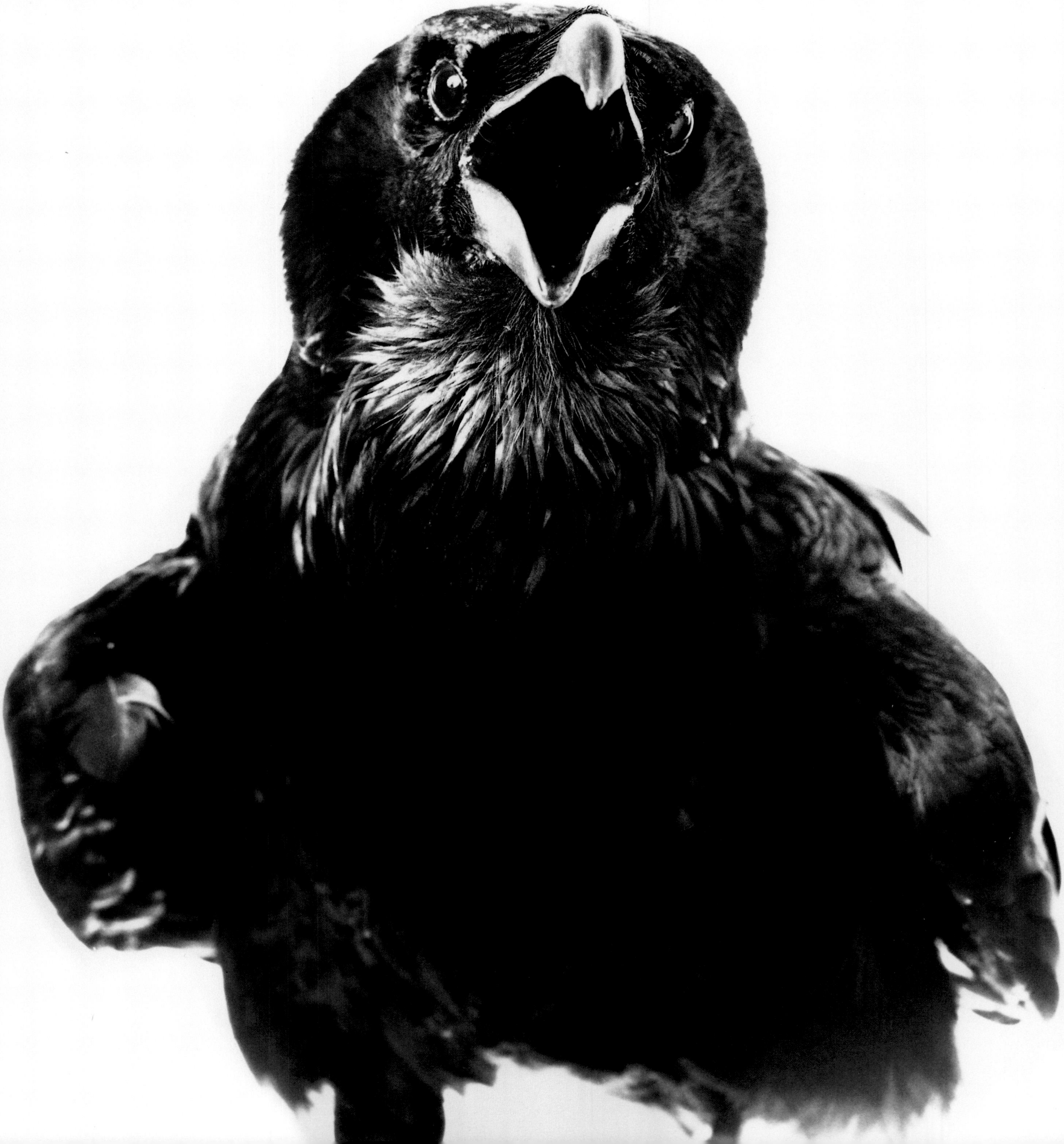

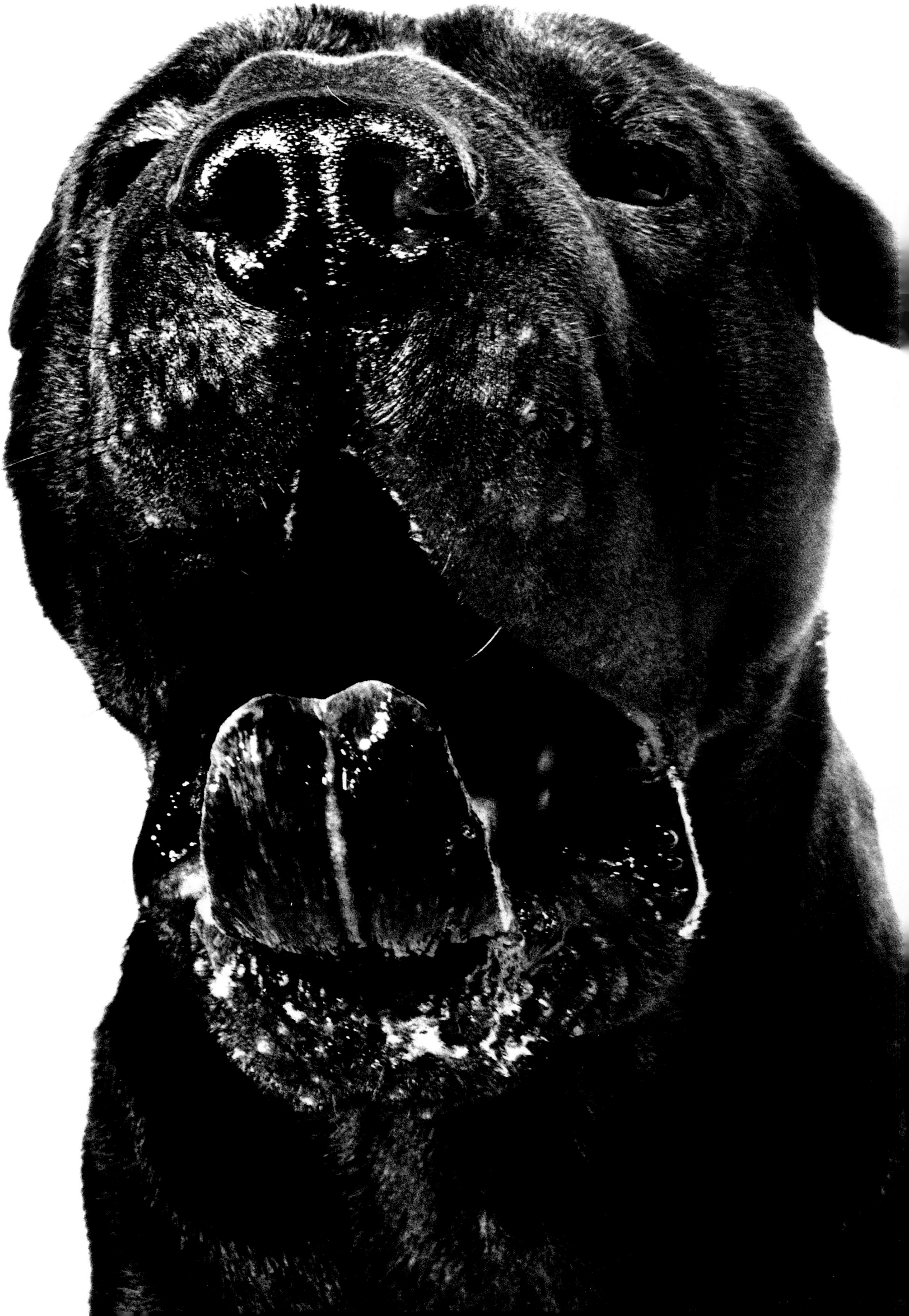

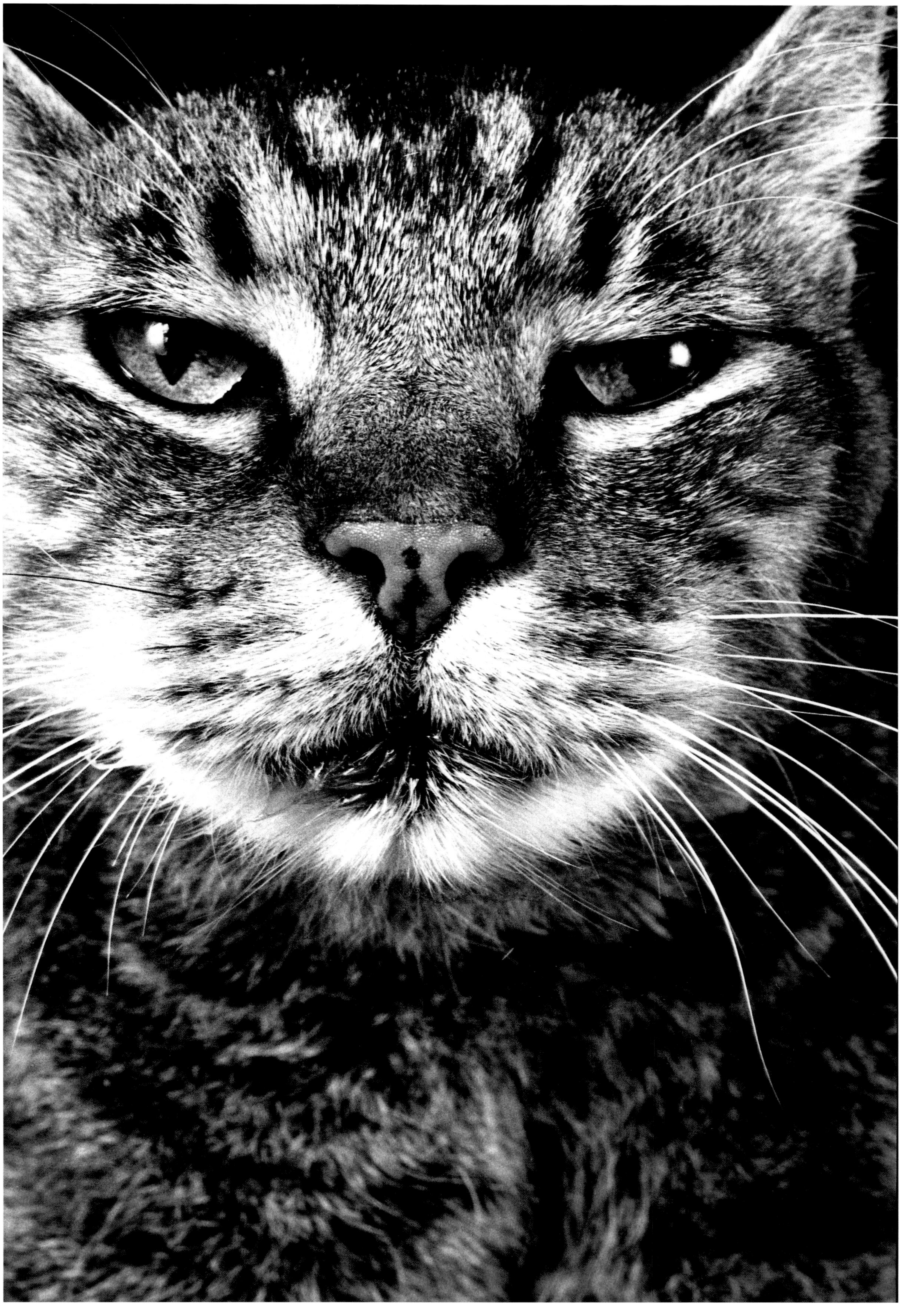

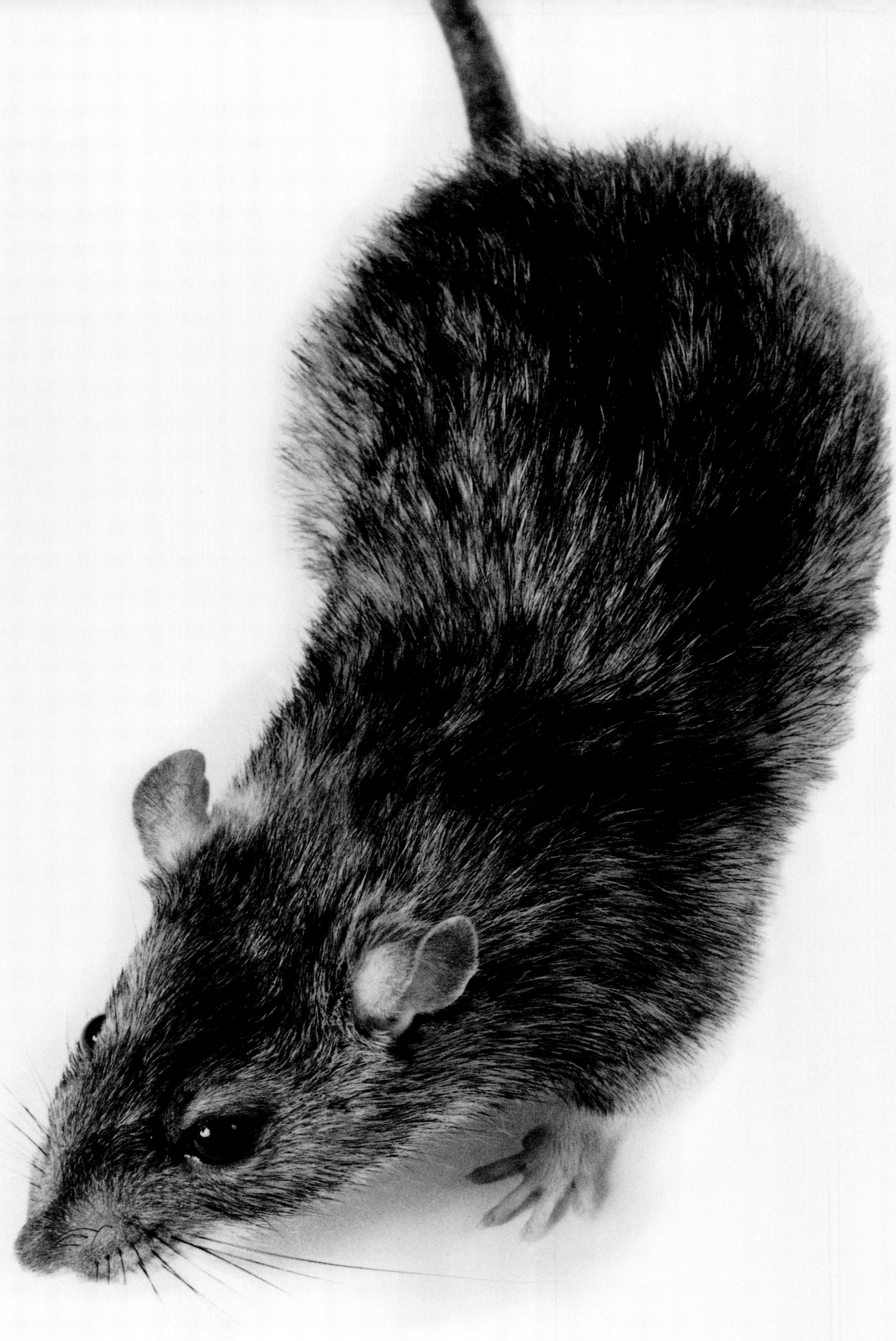

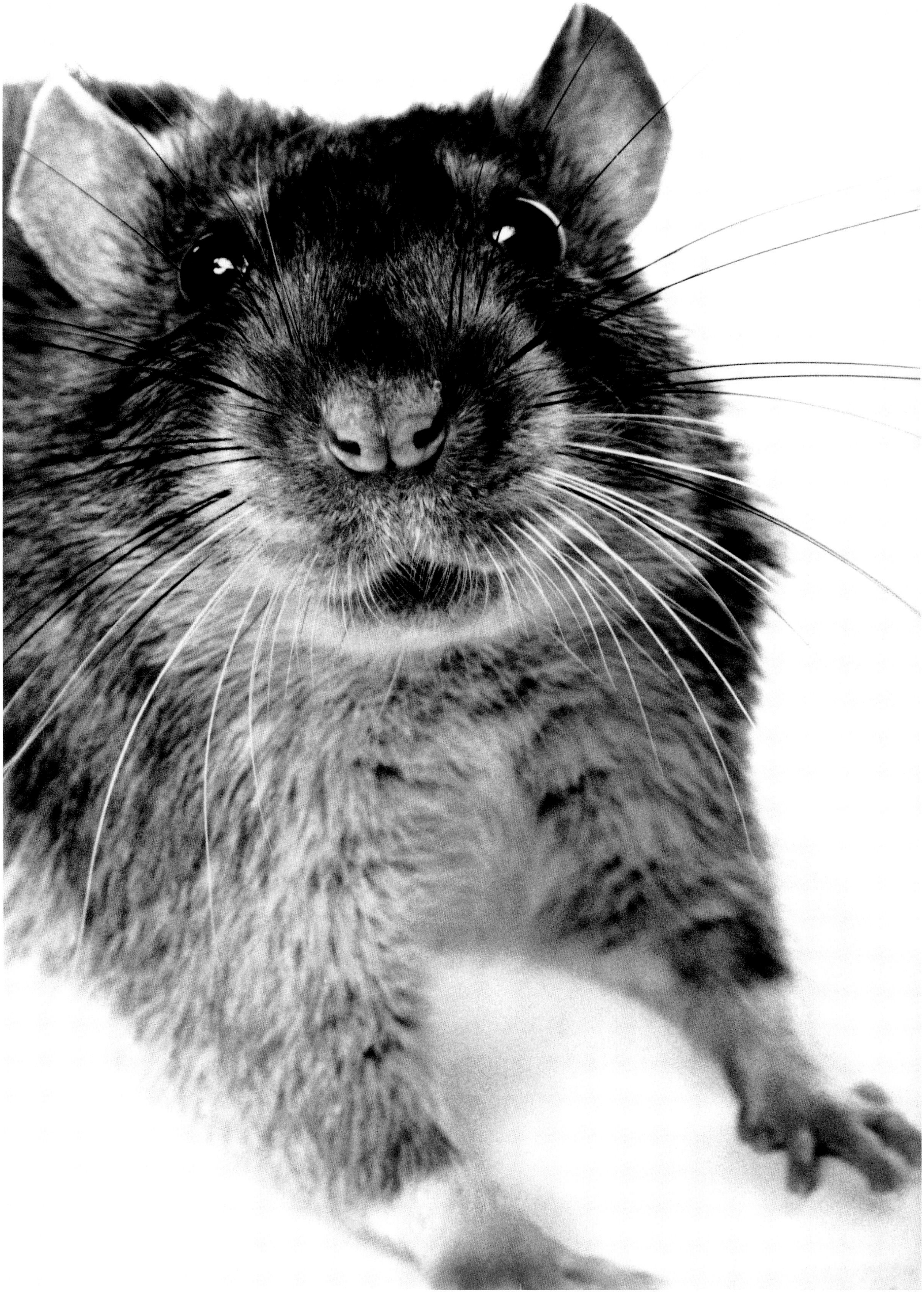

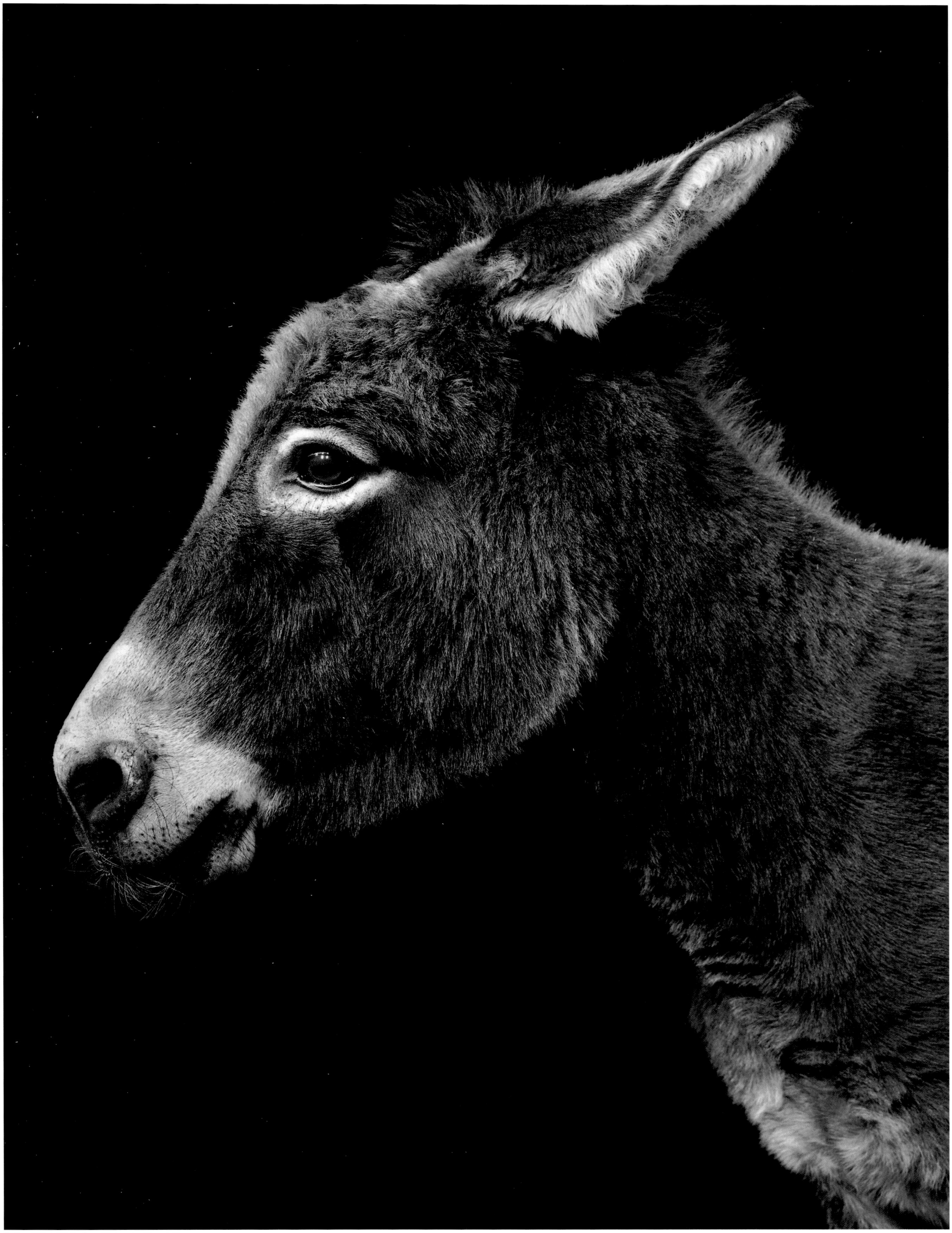

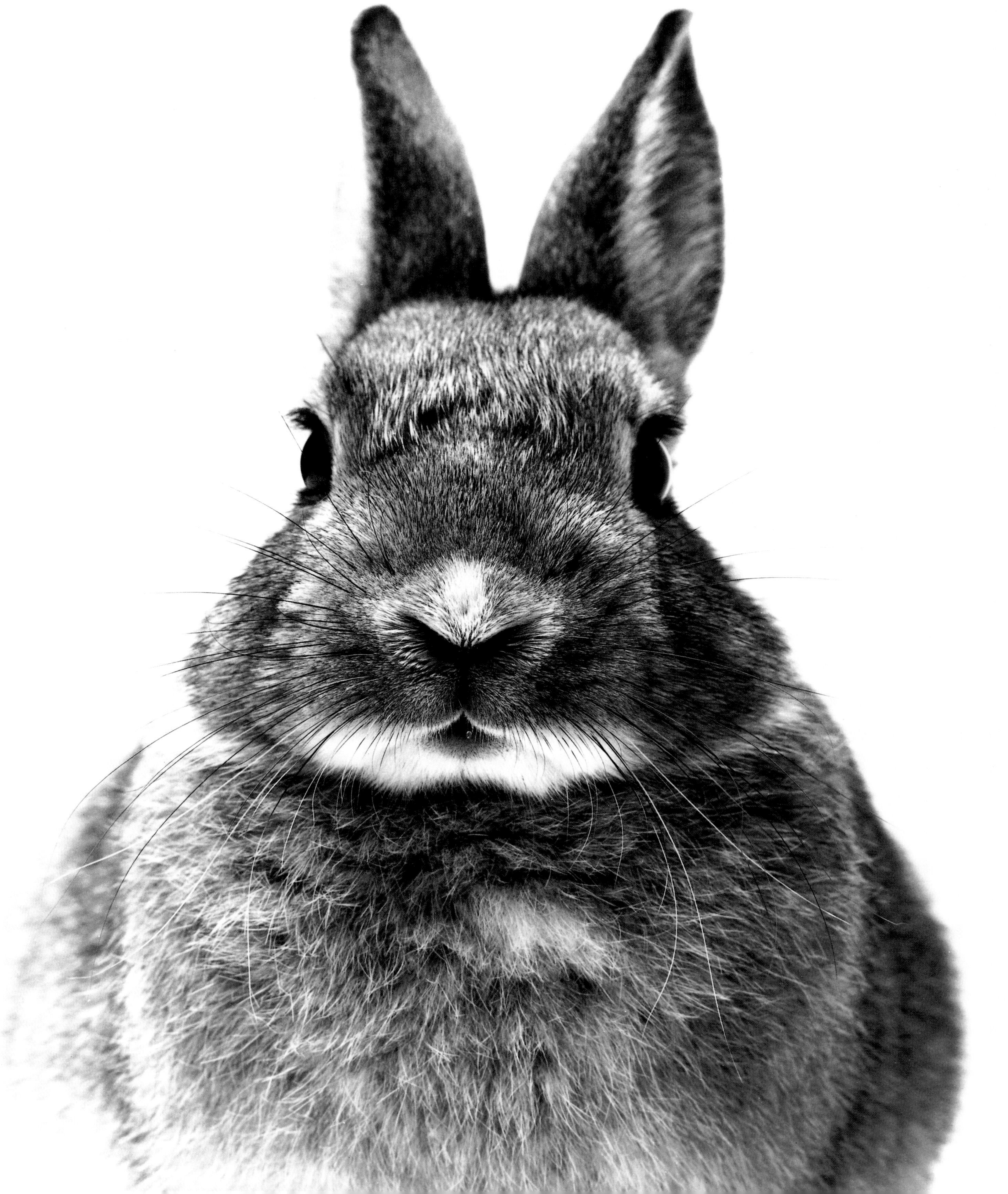

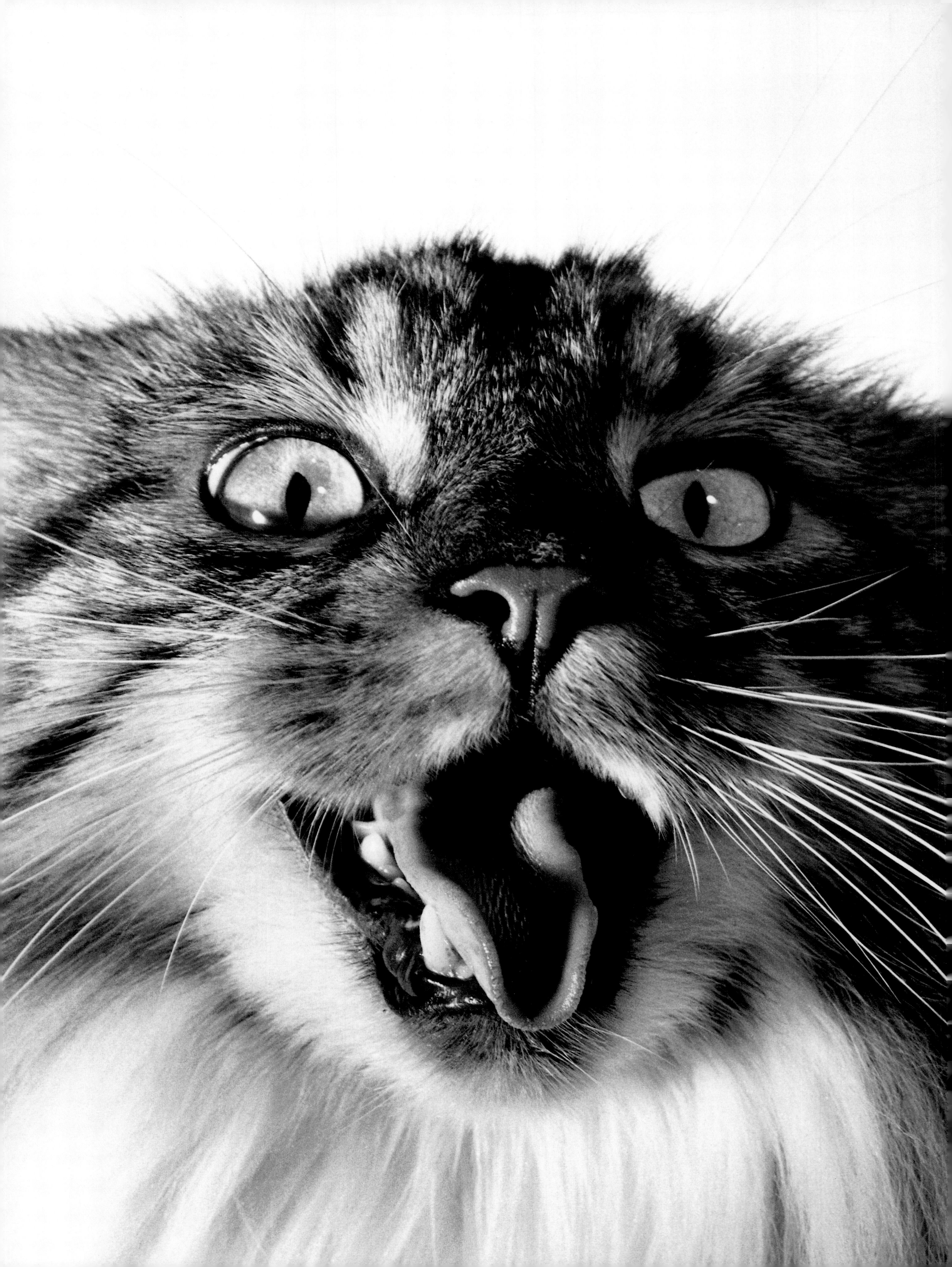

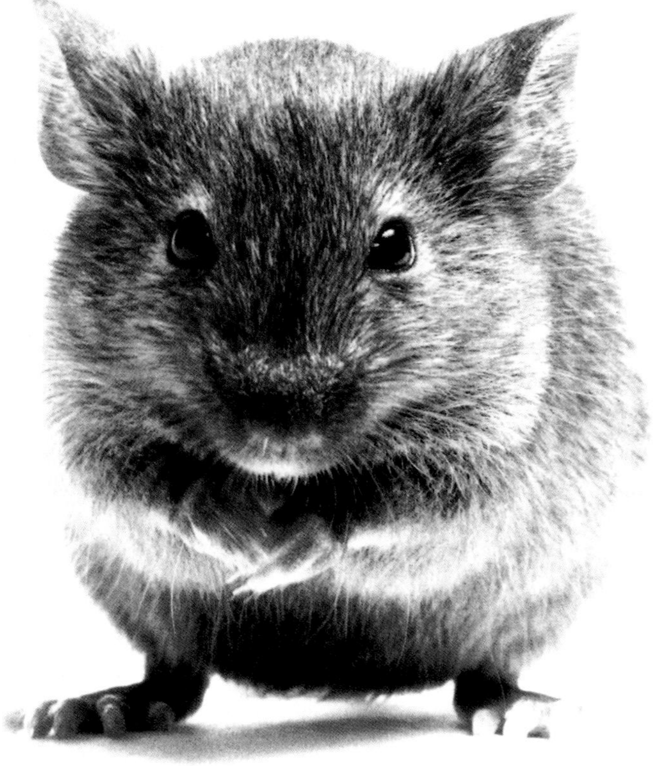

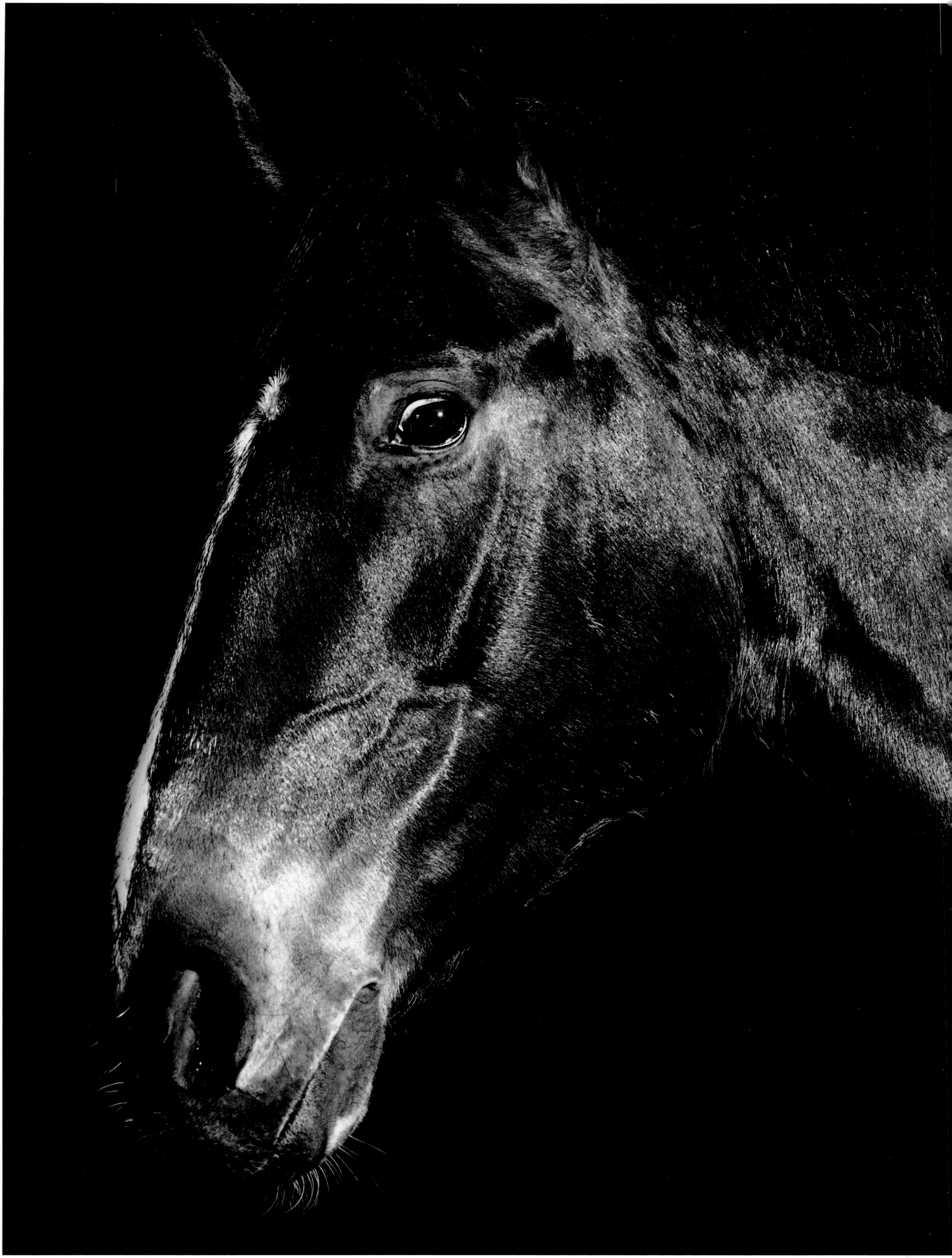

# LEGENDEN

| | | | | |
|---|---|---|---|---|
| 2 | Schäferhund-Nase, 1991 | | 64 | Kamel, 1982 |
| 4 | Grüner Laubfrosch, 2000 | | 67 | Schwein, 1994 |
| 7 | Grüner Laubfrosch, 2000 | | 68 | Perlhuhn, 1992 |
| 9 | Afrikanischer Elefant, 1993 | | 71 | Hahn, 1995 |
| 10 | Hund, Shapai, 1991 | | 73 | Hauskatze, 1989 |
| 12 | Hund, Shi-h-tzu, 1992 | | 75 | Ziegenbock, 1984 |
| 13 | Katze, Perser mix, 1992 | | 76 | Zipfelkröte, 2000 |
| 14 | Uhu, 2000 | | 77 | Königspython, 2000 |
| 15 | Maus, 2000 | | 79 | Alpaka, 1982 |
| 17 | Schaf, 1984 | | 80 | Barsch, 2000 |
| 19 | Taube, 2000 | | 81 | Hund, Englische Bulldogge, 1992 |
| 21 | Afrikanischer Löwe, 1990 | | 82 | Hund, Mastino, 1991 |
| 22 | Polarwolf, 2000 | | 83 | Grüner Laubfrosch, 2000 |
| 25 | Hund, Schäfer mix, 1991 | | 84/85 | Königspython, 2000 |
| 26 | Lamm, 1984 | | 86 | Ziege, 2000 |
| 27 | Schwarzes Schaf, 1984 | | 89 | Hund, Dobermann, 1990 |
| 29 | Hund, Englische Bulldogge, 1992 | | 90 | Hund, Bastard, 1995 |
| 30/31 | Steinadler, 1990 | | 91 | Hund, Papillon, 1992 |
| 32 | Känguruh, 1982 | | 92 | Wanderfalke, 1990 |
| 34/35 | Skorpion, 2000 | | 95 | Huhn, 1993 |
| 37 | Schimpanse, 1998 | | 96 | Zwergperlhuhn, 1995 |
| 39 | Schimpanse, 1998 | | 97 | Grüner Laubfrosch, 2000 |
| 40 | Hund, Boxer, 1990 | | 98/99 | Wels, 2000 |
| 41 | Hund, Boxer, 1991 | | 100 | Hauskatze, 1992 |
| 43 | Katze, Perser mix, 1992 | | 101 | Rabe, 2000 |
| 44 | Hund, Boxer, 1992 | | 102 | Rabe, 2000 |
| 45 | Windhund, 1989 | | 103 | Hund, Shapai, 1991 |
| 47 | Hauskatze, 1992 | | 105 | Hauskatze, 1992 |
| 49 | Kuh, 2000 | | 106/107 | Ratte, 2000 |
| 50 | Kücken, 1995 | | 109 | Esel, 1993 |
| 51 | Huhn, 1993 | | 111 | Kaninchen, 2000 |
| 52 | Gepard, 1982 | | 112 | Hauskatze, 1994 |
| 55 | Braunbär, 1999 | | 113 | Maus, 2000 |
| 57 | Schwein, 1991 | | 114 | Pferd, Hannoveraner, 2000 |
| 59 | Hase, 2000 | | 116 | Königsnatter, 2000 |
| 60/61 | Gans, 1993 | | 119 | Schimpanse, 1992 |
| 63 | Widder, 1996 | | 120 | Baumvogelspinne, 2000 |

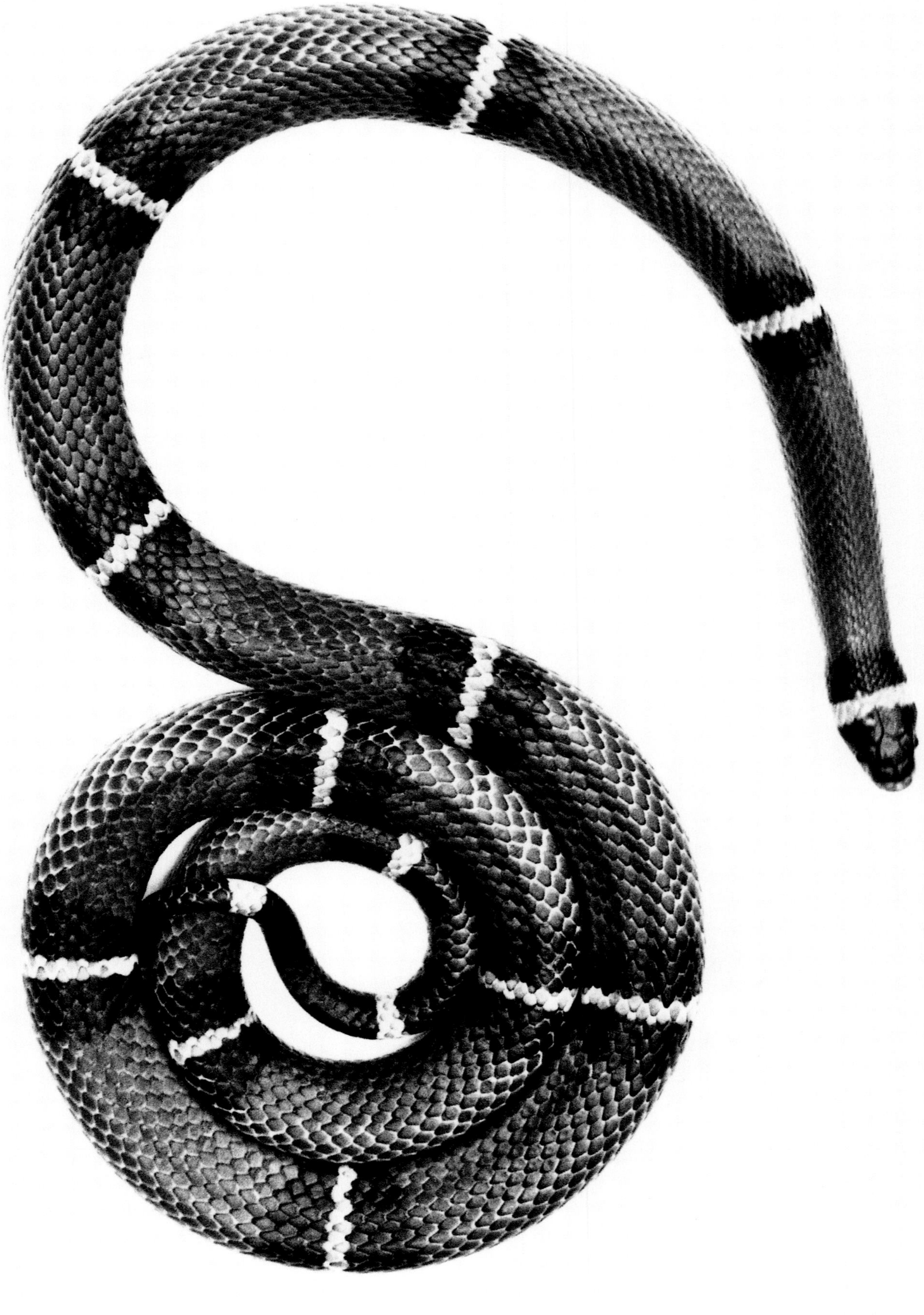

Die beiden Katzen Miezi und Molli waren Begleiter meiner Kindheit. Miezi hatte ein glänzendes Fell, gestreift wie ein Tiger. Sie war mager, flink und etwas eigensinnig. Molli war dagegen dicklich, hatte ein graues Fell und ließ sich gerne streicheln. Die Katzen waren aber nicht zum Spielen da, sondern zum Mäusefangen. Ich wohnte mit meinen Eltern und fünf älteren Geschwistern am Rande der Stadt, umgeben von einem großen Garten und Obstbäumen. Außer Miezi und Molli gab es noch einen Schäferhund, zwei Schweine, Hühner, ein paar Hasen und manchmal auch zwei Gänse. Als Kind hatte ich zu unseren Tieren eine innigere Beziehung als zu den Erwachsenen, deren Welt ich als autoritär und eher feindlich erlebte. Wurde ein Schwein geschlachtet, empfand ich das als den Verlust eines Freundes.

Die innige Beziehung zu Tieren in meiner Kindheit war vermutlich der Grund dafür, dass ich später begann, Tiere fotografisch zu portraitieren. Zunächst nahm ich menschliche Portraits als Vorbild, wenn ich Tiere fotografierte, doch schon bald kehrte sich das um. Wenn ich Menschen portraitierte, wünschte ich mir «tierische» Gesichter, ohne Posen und unnötiges Lächeln, ohne die Hinterfragung: «Wie sehe ich aus?»

Tiere kennen ihr Spiegelbild nicht und haben vermutlich keine Komplexe bezüglich ihrer Erscheinung. Bei ganz alten Menschen fand ich diese Selbstakzeptanz am ehesten – dem Baby ähnlich, dem das Aussehen völlig unbewusst ist. Dennoch: Menschen und Tiere sind artverwandt, und auch Tiere möchten geliebt werden. Mit ihrem ausgeprägten Instinkt können sie sehr schnell unterscheiden, ob sie gemocht werden oder nicht. Hunde, Katzen und viele andere Tiere haben keine Scheu, ihre Empfindungen zu zeigen. Vielleicht glauben wir deshalb zuweilen, im Ausdruck eines Tieres einen sorgfältig verborgenen Part unseres eigenen Innenlebens zu entdecken.

*Walter Schels*

# WALTER SCHELS

1936     Geboren in Landshut.
1957–1965     Arbeitet als Schaufensterdekorateur in Barcelona, Kanada und Genf.
1965–1970     Berufswechsel zum Fotografen in New York.
1970–1990     Lebt und arbeitet freiberuflich in München.
Seit 1990     Lebt in Hamburg.
Arbeitet im Bereich der Werbung, der redaktionellen Fotografie, der Reportagen und der Portraits (von Menschen und Tieren).
Ausstellungen im In- und Ausland.

Buchveröffentlichungen (Auswahl)

1981     *Roncalli, Die Reise zum Regenbogen*, Mahnert-Lueg Verlag, München.
1995     *Das offene Geheimnis*, Mosaik Verlag, München (Physiognomische Betrachtungen von Gesichtern und Händen Neugeborener und alter Menschen).
1997     *Musikerportraits*, Mosaik Verlag, München.
2000     *Die Seele der Tiere*, Mosaik Verlag, München.

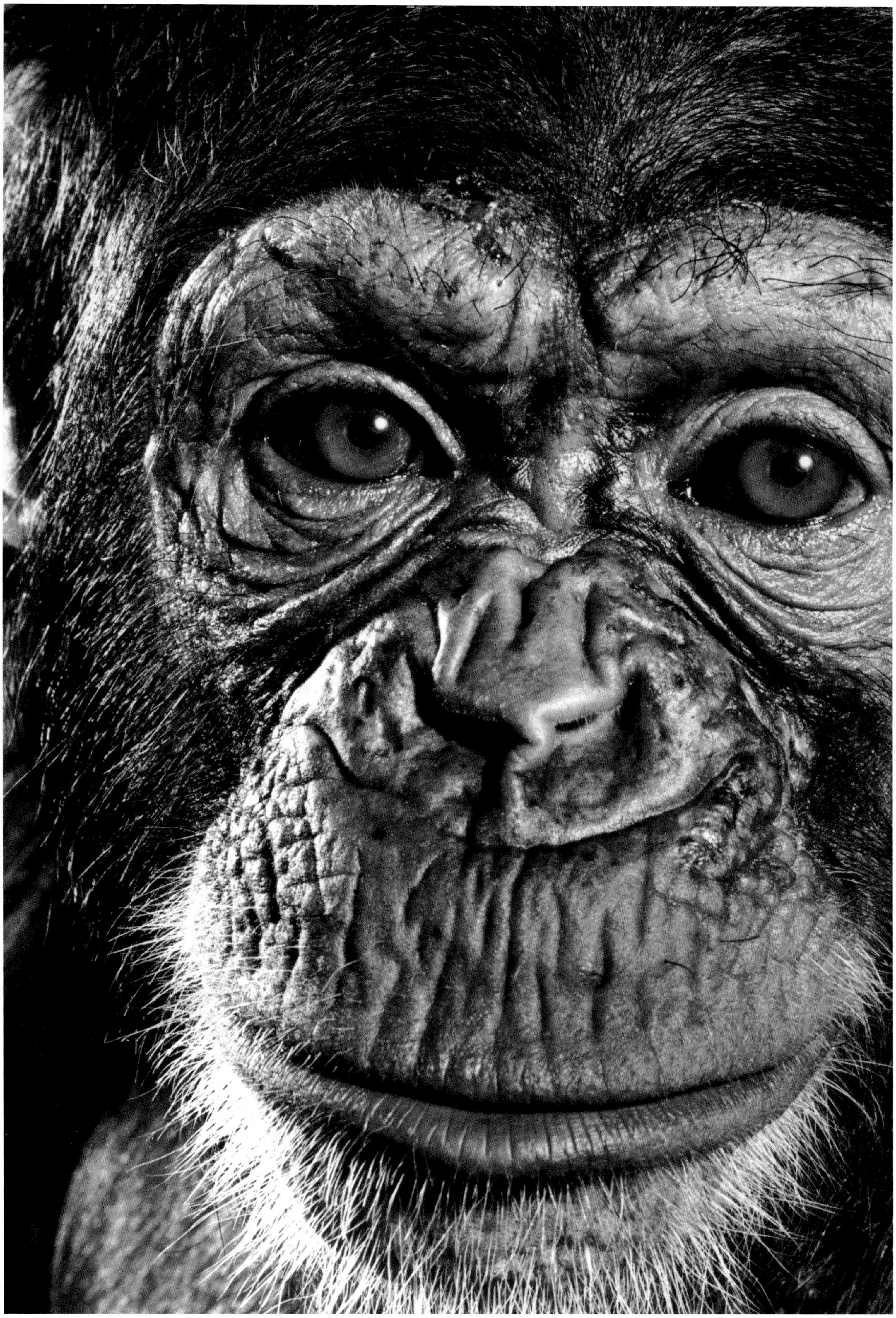

# DANK

Danken möchte ich allen, deren Tiere ich portraitieren durfte und die mir behilflich waren. Mein Dank gilt auch den Tier- und Wildparks, in denen ich Tiere fotografieren konnte und Gerd F. Kunstmann von der Filmtier Zentrale Deutschland in Hamburg.

Copyright © 2001 by Stemmle Publishers
GmbH/EDITION STEMMLE, Thalwil/Zürich
(Schweiz) und New York

**Alle Rechte vorbehalten.**
Kein Teil dieses Buches darf in irgendeiner Form ohne schriftliche Genehmigung des Verlages und der Herausgeber reproduziert werden, insbesondere nicht als Nachdruck in Zeitschriften oder Zeitungen, im öffentlichen Vortrag, für Verfilmungen oder Dramatisierungen, als Übertragung durch Rundfunk oder Fernsehen. Dies gilt auch für einzelne Bilder oder Textteile.

Bildrechte bei Walter Schels, Hamburg
Rechte der Texte bei den Autoren

Übersetzung aus dem Englischen: Thomas Bodmer
Lektorat: Mirjam Ghisleni-Stemmle, Marion Elmer
Layout and Typographie: Giorgio Chiappa, Zürich
Lithografie: pp.digitech ag, Adliswil/Zürich
Druck und Bindung: Grafiche Duegi, San Martino B.A. (Verona), Italien

Deutsche Ausgabe: ISBN 3-908163-44-7
Englische Ausgabe: ISBN 3-908163-45-5